유치원 아이들의
학급 자치 이야기

유치원 아이들의 학급 자치 이야기

박은미
조윤재
허경아
권세나
심재경

에듀니티

유치원 교사들의 자치에 관한 동상이몽

    하루살이. 당장 닥친 일로 하루를 정신없이 보내는 교사들이 자신의 모습을 빗대어 우스갯소리로 하는 말이다. 눈코 뜰 새 없는 하루살이를 몇 번 하니 시간은 후다닥 흘러 어느새 친한 선생님들과 친목을 다지는 날이 되었다. 그날은 서로 얼굴 보고 힐링만 하기로 사전에 단단히 약속하고 모였다. 업무 이야기, 유치원 이야기 절대 금지!

낭만샘 정말 오래간만에 느끼는 여유예요. 마음이 좀 가라앉는 느낌적인 느낌!

해피샘 잘 지냈어요? 다들 얼굴 보니 좋아요.

| 30분 후

물음표샘 자치 관련 공문이 왔어요. 거기는 어떻게 해요?

꼬꼬무샘 이전에 온 공문이…, 이번에 온 공문은…, 그래서 우리 유치원은….

팩폭샘 오늘 약속이 '힐링만 한다.' 아니었어요?

약속은 온데간데없이 사라지고 그날 화두는 최근에 받은 자치 공문에 관련된 이야기로 흘렀다. "저는 자치가 어려워요. 아이들도 어리고." 자치에 대한 각자의 생각들을 주고받던 중 고백과 같은 조용한 읊조림이 들렸다.

자치와 관련해 곧장 떠오르는 것은 '지방자치, 주민자치, 학생자치, 자치경찰' 등등 뭔가 제도화된 단어들이다. 자치는 자기의 일을 스스로 다스리는 것을 의미한다. 즉 자신이나 자신에 관한 것들을 스스로 결정하고 책임지는 행위가 자치이며, 이것은 민주시민의 기본 자질이다. 현재 유치원의 교육과정에도 자신의 일을 스스로 해결하는 '자주적인 사람'이 추구하는 인간상 중 하나로 제시되어 있다. 그런데 정작 유치원 현장 교사들은 유아 자치에 대해 어떻게 생각하고 있을까? 자치를 쉽게 느끼는 사람이 있을까?

물음표샘 활동하다 보면 아이들이 자기 생각을 말하고 선택하는 기회는 많잖아요. 그런데도 자치는 쉽지 않은 것 같아요. 이유가 뭘까요? 뭐부터 시작해야 좋을지 모르겠어요.

낭만샘 아이들이 누구의 눈치도 보지 않고 어떤 것이든 자기 의견을 스스럼없이 제시할 수 있는 분위기를 만드는 게 제일 중요한 것 같아요.

팩폭샘 아이들은 끊임없이 자기 생각과 감정을 말하고 표현해요. 문제는 아이들을 미성숙한 존재로 보는 시선인 것 같아요.

해피샘 교육과정이 어떻고를 떠나서 교사가 자기중심적인지 아이들의 눈높이에서 생각하는지 먼저 반성하는 것도 필요할 것 같아요.

꼬꼬무샘 아이들의 참여권을 제대로 보장하는 것에서 출발해야 하지 않을까요? 선택하는 행위는 자치를 하는 가운데 행해지는 의사 표현의 한 방법이지 자치 그 자체는 아니에요.

우리는 자치의 출발점에 대해 고민했다. 아이들에게 선택할 기회를 주면 자치가 이루어질 수 있을까? 일상생활 중에 아이들이 의사를 표현하고 선택할 기회를 갖는다고 해서 그것으로 진정한 유아 자치가 이루어졌다고 볼 수 있는지는 의문이다.

자치는 자기 주도적 행위와 반성적 사고를 전제로 한다. 다시 말해 자신과 관련된 문제에 대해 성찰하고 그것을 해결하기 위해 의견을 제시하며 방법을 선택하고 실천하는 행위인 것이다. 자치에는 이 모든 것이 함의되어 있음에도 불구하고 우리는 단순히 방법적인 측면에만 주목하고 있는 것은 아닐까?

유아 자치가 제대로 이루어지려면 우선 아이들과 스스럼없이 대화하고 서로의 이야기에 귀를 기울이는 분위기가 만들어져야 한다. 더불어 교사의 일방적인 의사결정이 없는지 민감하게 돌아보며 의사 결정권을 아이들에게 돌려주는 자기 성찰이 필요하다.

우리는 각자의 자리에서 다양한 상황에 부딪혀가며 아이들과 함께 자치를 실천하고 있었지만 그것이 자치였음을 민감하게 느끼지 못했다. 천천히 되짚어보니 유치원의 하루 속에는 많은 자치의 순간이 있었다. 아이들이 서로 다른 의견을 말하며 대립할 때, 약속을 정하기 위해 투표할 때, 문제가 생겨서 함께 고민을 이야기할 때, 아이들의 의사를 묻지 않았던 일을 반성하며 교사가 자신이 했던 일방적 결정을 내려놓을 때 등. 다만 우리가 그것을 눈여겨보지 않았고, 과중한 업무에 시간이 쫓겼으며, 아이들이 어리다는 이유로 자치를 할 수 없을 거라는 선입견을 가졌거나, 선택이라는 행위에만 집중하여 편안한 분위기에서 대화와 토론을 즐길 수 있게 하는 방법을 몰랐을 뿐!

우리는 그간에 쌓인 각자의 경험을 꺼내놓았다. 다른 선생님과 비슷한 상황을 공유하며 보다 나은 해결 방법을 찾기도 했고, 실패한 경험담을 놓고 팁을 얻기도 했다. 근무하는 환경이 달라 예상도 못할 경험을 듣는 것은 신선한 자극제가 되었다.

우리는 자치를 둘러싸고 우리가 나눈 성공담과 실패담, 아이들과 교실에서 벌어졌던 있는 그대로의 진솔한 이야기를 이 책을 통해 공유하려고 한다. 에피소드에서 보이는 아이들의 기상천외한 말들에는 어른의 규격화된 사고를 가뿐히 뛰어넘는 재치가 담겨 있다. 아마 이 글을 읽는 독자가 유치원 교사라면 '내 경험과 비슷하네.'라고 느낄 것이고,

학부모라면 교실에서 일어나는 완전 '찐' 상황의 단면을 들여다볼 수 있을 것이다.

참고로 이 글에 수록된 일화들은 공저자들의 그간 경험에서 가장 기억에 남는 일들을 고른 것으로 한 해 안에 일어난 일이 아니다. 또 〈왁자지껄 선생님들의 모꼬지〉에는 수년간 수업나눔 동아리를 하면서 회원들이 교육에 대해 나누었던 솔직담백한 이야기를 익명으로 정리했다. 그 누구든 우리의 이야기를 읽고 아이들의 의견에 귀를 기울이기를, 유아 자치에 대해 한 번 더 생각해보기를, 아울러 자치에 대한 부담감을 내려놓고 지금 당장 실천하기를 권해본다.

2022년 가을

모꼬지혜윰

모꼬지혜움을 함께하는 사람들

☑ 박은미

슬럼프 극복을 위한 처방전 같았던 저자 되기의 도전, 그리고 어쩌다 이 책 저자팀의 팀장이 되었다. 내 안의 숨은 다양한 모습을 끌어내어 행복한 교사로 성장시킨 건 팔 할이 아이들이었다. 나를 가장 나답게 빛나게 해 준 아이들이 자신의 색깔과 속도로 삶의 주인공으로 살아갈 수 있게 든든한 배경이 되어 주고 싶어 자치활동을 시작하게 되었다. 타인의 결정이 마음에 들지 않아도 시키는 대로 따랐던 어린 시절의 나와는 다르게 자기주장을 당당하게 펼쳐나가는 아이들을 볼 때면 묘한 희열을 느낀다. 학급 자치활동은 아이들의 성장뿐만 아니라 내 유년 시절의 결핍까지 치유해주고 있다. 아이들과 함께 만들어가는 학급 운영이 처음에는 삐걱거리고 어설프고 서툴 수도 있다. 그러나 그 경험과 과정들이 더해져 활기가 넘치는 교실로 변화하고 자기다움을 찾아 성장하는 아이들과 선생님, 함께해서 더 행복한 교실의 모습을 많은 선생님과 나누고 싶다.

☑ 조윤재

이 책을 써보자고 동료들의 옆구리를 찔러댄 장본인이자 책의 기획 담당. 굽이굽이 돌아서 유치원 교사가 된 덕에 나이에 비해 겸손한 경력을 가졌지만 돌아온 덕분에 얻은 것도 많았다. 낯설게 보기와 엉뚱한 발상, 꼬리에 꼬리를 무는 생각들로 새로운 일에 도전하는 오늘이 즐겁다. 실패가 두렵지 않은 것은 아니다. 하지만 전진한 만큼 얻은 것도 있다는 생각으로 열심히 동료들을 꼬드겨 뭐든 일단 시작해본다. 책을 쓰는 동안 동료들에게 양파 껍질을 까듯 속을 꺼내 보이면서 부끄러움, 창피함, 뿌듯함, 충만함 등을 숨 쉬듯 겪으며 감정 롤러코스터의 VIP 고객이 되었다. 그러면서도 날마다 조금씩 씨실과 날실같이 엮여가는 글을 통해 교사로서의 가치관을 정리할 수 있어서 행복했다. 이 책이 우리와 같은 고민을 했던 교사들에게 작은 도움이 되기를 바란다.

☑ 허경아

매일매일 별난(별처럼 반짝반짝 빛난) 생각을 하는 귀여운 꼬꼬마를 20년 넘게 가르쳐온 유치원 교사. 주말이 되면 아이들이 '유치원에 가고 싶어요!'라고 외치게 만들고 싶다는 작은 소망을 항상 갖고 있고, 아이들이 가고 싶어 하는 즐거움이 가득한 유치원을 만들기 위해 오늘도 별난 생각에 귀를 쫑긋 세워본다. 이미 성숙기에 접어든 교사지만 아이들 옆에 나란히 서서 같이 생각하고 발맞춰 가는 교사가 되기 위해 끊임없이 연구하며 계속 성장해가기 위해 노력하고 있다. 좌충우돌 유치원 안에서 펼쳐지는 일들을 생생하게 담은 이 이야기들은 나에게 앞으로 더 발돋움할 수 있는 발판이 되는 소중한 기회가 될 것이다. 나와 같은 길을 걸어가는 선생님들, 아이들과 함께하는 모든 사람이 이 책을 보며 '그래, 맞아.'라는 공감대를 통해 아이들을 이해하며 웃을 수 있기를 바란다.

☑ 권세나

엉뚱 발랄, 통통 튀는 아이들의 생각이 궁금하여 그들의 마음을 들여다보기 위해 노력하는 중이다. 끊이지 않는 호기심으로 아이의 눈높이에 맞춰 세상을 바라보고 생각하며 아이의 말에 귀를 기울인다. 아이가 보여주는 작은 신호일지라도 속단하지 않기 위해 '왜 그럴까?', '어떻게 하면 좋을까?'라는 애정 어린 관심의 물음표로 아이들의 생각을 묻고 또 묻는다. 재미있고 기발한 생각을 하는 아이들의 대답을 들으면 감탄이 절로 나온다. 어떻게 그런 생각을 했는지 아이들의 생각주머니 속에 들어가보고 싶기도 하다. 신규 같은 마음으로 동료 교사에게 끊임없이 고민을 이야기하고 소통하는 과정에서 일어나는 배움을 통해 성장해나가고 있다. 아이들이 자신의 생각을 스스럼없이 이야기하고 교사 혼자가 아닌 아이들과 함께 유쾌, 상쾌, 통쾌하게 학급을 이끌어가기 위해 오늘도 아이들을 기다린다. 책 속 '엉뚱발랄 톡!톡!' 그림을 그렸다.

☑ 심재경

동심의 세계도 소중하지만 아이들도 알 것은 알아야지! 사랑스러운 아이들과 재미있는 말장난을 하며 유치원에서 하루를 보내는 것이 행복한 유치원 교사다. 아이들 생애에 처음 만나는 선생님이라는 소명감을 가지고 아이들 한 명 한 명을 세심하게 바라보고 성장하는 데 도움을 주고 싶다. 하지만 현실은 많은 아이를 상대로 지지고 볶는 체험 삶의 현장. 예쁘고 사랑스러운 아이들이지만 때로는 단호하게 훈육하기도 하고, 아이들과의 기 싸움에 지지 않기 위해 굳은 표정으로 아이를 바라보아야 할 때가 있다. 그러면서도 아이들을 사랑하는 마음은 찐이기에 오늘도 고민한다. 어떻게 하면 더 좋은, 더 나은 선생님이 될 수 있을까? 아직도 유치원 선생님으로서 배울 것이 많아 선배들의 노하우를 얻고 싶은 생각에 수업나눔 동아리에 참여했다. 동아리에서 막내이다 보니 주구장창 총무를 맡고 있지만, 선배님들과 함께하며 나누는 시간은 교직 생활의 힐링이자 자산이다. 앞으로도 아이들과 함께했던 이야기를 서로 나누며 성장하고 배우는, 아이들 마음속에 따뜻한 기억으로 남는 선생님이 되고 싶다.

추천의 말

생생하다. 유쾌하다. 날것 그대로의 교실 상황 속에서 통통 튀는 유춘기 아이들의 재치 있는 말들이 어렵게 느껴지는 자치의 벽을 순식간에 무너뜨린다. 읽는 내내 느껴지는 저자들의 고민에 깊이 공감했고 마음으로 응원을 보냈다. 이 책은 유치원 교원이라면 누구나 고민하는 민주적인 학급 운영의 꿀팁이 되어줄 것이다. - **김경례**(광주광역시유아교육진흥원장)

유치원 학급 자치의 벽이 높은 이유를 한마디로 표현한다면 '애들이 뭘 알아?'일 것입니다. 교사인 나는 유능한 유아를 말하지만, 사회인으로서의 나는 그 말에 고개를 끄덕이기도 합니다. 이 책은 교실에서 매일 마주하는 익숙한 상황에 대한 선생님들의 고민과 변화를 담고 있습니다. 당연하게만 여겼던 일상을 교사로서, 사회인으로서 돌아보게 합니다. 멋진 결과를 만들 수 있는 특별한 비법이 아니라, 과정을 함께 엮어가는 교사와 유아의 목소리를 들을 수 있습니다. 영원히 현재 진행형일 선생님들의 이야기에 공감하며, 이 책을 읽고 여러분도 그 이야기의 한 페이지가 되어보시길 권합니다.

- **권귀염**(전남대학교 유아교육과 교수)

이 책은 존중받는 아이들의 삶을 본보기로 정리하고 있습니다. 아이들과 주고받는 말이 있어 더 좋습니다. 마치 옆에 있는 것 같습니다. 아이들과 함께 칭찬 약속을 정하는 모습에 웃음이 나옵니다. 나아가 '내가 원하는 칭찬이 무엇인지 찾아보기'에 무릎을 탁 쳤습니다. 스스로 칭찬받을 수 있는 방법! 바로 당장 우리 반에서 해봐야겠습니다.

우리 반에 형님들 초대하기를 거부하는 세 살 아이들의 이유에 머리가 끄덕여집니다. 비움의 방이란 이름을 달기까지 선생님은 얼마나 몸과 마음 고생을 하셨을까요? 수료하는 날 어떤 놀이를 할지 아이들이 스스로 결정하는 과정도 재밌습니다. 형식적인 행사가 아닌 놀이 수료식! 준비도 아이들이 함께했다니 대단합니다.

아이들은 어른의 뒷모습을 보고 자랍니다. 아이들의 삶을 귀하게 여기고, 작은 목소리를 귀 기울인 선생님들의 모습을 우리 아이들은 닮아갈 겁니다. 그런 점에서 저는 이 책이 참 소중합니다. 이런 작은 이야기들이 모여, 우리를 변화시키고, 존중과 배려의 민주적인 학교를 만든다고 믿고 있습니다. 작은 발걸음이지만 훗날 큰길이 될 겁니다. 애쓰셨습니다. 고맙습니다.

- **권재우**(경기도 조현초등학교 교사, 《교사가 먼저 시작하는 학교자치 스쿨퍼실리테이션》 저자)

'학생자치활동'을 주제로 이루어지는 강의와 워크숍에서 꼭 나오는 질문이 있다. "강사님, 고학년은 어떻게 해볼 수 있겠는데 저학년 자치활동은 무엇을 어떻게 할 수 있을까요?" 바로 이 분들에게 드릴 수 있는 따끈따끈한 책이 드디어 나왔다. 이 얼마나 놀랍고 반가운 일인가? 삶과 긴밀하게 연계되지 않을 수 없는 유아교육에서 존엄한 인격체의 자율과 선택권을 존중하면서 교육활동을 펼쳐낸 다양한 생활 사례가 한 권의 책으로 엮어진 것이다. 이는 초등학교 저학년뿐 아니라 전 학년 교사들에게 학생자치활동에 대한 무궁무진한 아이디어를 선물해줄 것이다.

- **김경희**(광주상무초등학교 교사, 《교사, 자치로 깨어나다》 저자)

목차

1장

함께 만들어가는
교실 속
생활 자치

우리 반의
인사 약속 만들기

　　요즘 깜빡깜빡 내 머릿속에 깜빡이가 자꾸 놀러 온다. 나는 이번 달 월중 계획 내용 중에서 아이들에게 알려줘야 할 사항에 별 다섯 개를 그렸다. 유치원 전체가 참여해야 할 내용을 잊어버려 우리 반만 안 하는 아찔한 광경이 벌어지지 않도록 '배려하겠습니다, 공수.'를 꼭 기억하기!

교사　이번 달 인사는 '배려하겠습니다.'입니다. 그리고 앞으로는 '배꼽 손' 대신 예절 시간에 배운 '공수'라는 말을 사용할게요. 이제 우리 반 친구들은 어려운 말도 사용할 수 있는 멋진 형님들이 되었으니까요.

아이들　네.

강서　선생님, 왜 인사가 이렇게 자꾸 바뀌어요? 누가 정했어요?

교사 어…, (선생님들이 올해 이렇게 인사하자고 결정했어.) 배려 잘하는 예쁜 마음을 가진 친구들이 되라고 이렇게 인사하는 거예요. 잘할 수 있지요?

시연 언제까지 이렇게 인사해요?

미진 그럼 이제 효도는 안 해도 돼요?

교사 효도도 계속해야지요, 이번 달 인사말은…. (유춘기 어린이들, 곤란한 질문은 그만!)

오늘따라 날카롭고 예리한 아이들 질문에 나는 뭔가 잘못한 사람처럼 변명하듯 대답했다.

인성교육진흥법이 제정된 이후 유치원에서는 다양한 활동들로 연간 인성교육계획을 수립한다. 인성교육의 요소가 추상적인 개념이라 아이들이 참여하기 쉽고, 교육활동 실적을 보고하기에도 그럴싸하게 보이는 활동을 찾다 보면 유치원마다 비슷비슷한 계획이 세워진다. 그중 하나가 삼월에는 '존중하겠습니다.', 사월에는 '효도하겠습니다.'와 같이 월별로 인성 덕목을 넣어 인사말을 주고받는 활동이다.

은준 배려가 뭐예요?

교사 배려는 다른 사람에게 관심을 가지고 도와주는 마음이에요.

영주 나 오늘 배려 안 했어요.

교사 선생님도 오늘 배려 못 한 것 같아요, 쉿! 비밀. 우리 내일은 다른 사람을 배려해봐요.

인성 덕목을 설명하다 보면 인사 시간이 때로는 이처럼 반성의 시간이 되기도 했다. 즐겁게 정을 나누는 인사 시간이 인사말 때문에 죄책감을 느끼게 하는 상황으로 전개되어 아이들과 나의 마음을 불편하게 했다.

| 하교 시간

교사　배꼽 손 아니 공수, 배려하겠습니다.

아이들　배꼽 손 아니 공수, 배려하겠습니다.

교사, 아이들　(머리 위 하트를 하며) 사랑합니다.

학부모　하하하, 오늘 인사가 바뀌었나 봐요.

습관이 참 무섭다. 유치원 인사의 국룰 '배꼽 손 척척'과의 갑작스러운 이별. 마치 오랫동안 열렬하게 사랑했던 '배꼽 손 척척'을 집안의 반대로 떠나보내고, 처음 본 '공수'와 정략 결혼한 심정 같았다. 우리의 실수가 지켜보는 부모님에게 작은 웃음을 선사했다. "이번 달 인사말이 바뀌었나 보네요." 아이들의 하교 인사 모습을 흐뭇하게 바라보며 사진이나 동영상 촬영을 하여 교사에게 전하기도 했다. 그 모습을 지켜보았던 인성교육 담당 사랑반 교사가 회의 시간에 말을 한다.

사랑반 교사　선생님들이 아이들에게 인사 지도를 잘해서 어머님들이 매우 만족하는 것 같아요. 인사말에 인성 덕목 넣은 것은 정말 탁월한 선택이었네요. 앞으로도 더 잘해봅시다.

교사들 네.

우리 반에서 있었던 인사말에 관한 이야기를 할까 말까 망설이다 그냥 "네."라고 대답을 했다. 내가 이야기를 꺼내면 화기애애한 분위기에 찬물을 끼얹는 트러블 메이커가 될 것 같아 꾹 참았지만 찝찝한 기분을 지울 수가 없었다. 앞으로 아이들이 인사할 때마다 오늘처럼 이유를 묻는다면 과연 나는 어떻게 대답해야 할까?

> **1안** 단호박 교사의 모습으로 답정샘이 되어 친구들을 위해 선생님들이 정했으니 다 같이 해야 한다고 말해주기
>
> **2안** 계획할 때부터 '굳이 인사까지 이렇게 해야 하나?' 했던 물음에 대한 답을 찾아 해결해보기

비밀투표로 인사 결정하기

두 가지 모두 내 마음에 들지 않았다. 첫 번째 안은 지시하는 교사 이미지가 강했고, 두 번째 안은 나에게 뚜렷한 대안이 없어서였다. 나는 고민 끝에 아이들에게 선생님과 헤어질 때 하고 싶은 인사 방법을 정해보자고 제안했고 아이들은 흔쾌히 받아들였다. 아이들은 종이

유치원 아이들의 학급 자치 이야기

에 자기가 좋아하는 인사말을 쓰거나 인사 방법을 그리면서 "나는 점 프 인사가 제일 좋아.", "나는 사랑해, 하트 인사, 너는?" 하며 서로 좋아하는 인사 방법을 소개하고 몸으로 표현했다. 아이들은 인사 방법을 비슷한 종류로 나누고 내일 비밀투표로 결정하자고 했다.

불현듯 지난번 놀이 주제 정하기 투표 후 벌어졌던 일이 생각났다.

예준 (희야를 향해) 너, 내가 말한 놀이에 손 안 들었지? 이제 너랑 안 놀 거야.

희야 자기가 하고 싶은 놀이에 손들어 투표한 거잖아. 선생님한테 이를 거야.

경빈 나는 예준이가 말한 놀이에 손들었어. 그럼 우리 같은 놀이에 손들었던 친구들끼리만 놀자.

아이들에게 놀이 주제를 정할 수 있는 결정권을 주었더니 자기와 의견이 같지 않은 친구를 따돌리는 상황이 발생했다. 투표하기 전에 자기와 친구들의 생각이 다를 수 있다고 내가 여러 차례 강조하고, 아이들도 자기가 원하는 것이 선택되지 않아도 결과를 받아들이겠다고 동의한 후 투표를 했음에도 불구하고 교사가 없는 곳에서 아이들끼리 이런 대화가 오갔던 것이다.

이런 상황을 전해준 제보자(희야)를 보호하기 위해 다른 반의 일인 것처럼 이야기하고 "친구들이라면 어떻게 할 수 있을까?"라고 아이들이 생각하는 해결 방법을 물어보았다. 그래서 나온 해결책 중 하나가 자기의 생각을 자유롭게 표현하고 공정한 투표가 이루어질 수 있는 비밀투표였다.

아이들은 표를 얻기 위해 자신이 제안한 인사 방법을 하루 동안 적극적으로 친구들에게 홍보했다. 다음 날 투표 시간이 다가올수록 교실에는 점점 긴장감이 돌았다. 투표하러 들어가는 아이들에게 자신의 인사 방법을 홍보하는 아이들은 마치 당선을 위해 마지막까지 유권자에게 소중한 한 표를 호소하는 국회의원 같았다.

반장, 오늘 하트 인사 뽑아줘

투표로 우리가 정한 인사 방법은 네 가지였다. 아이들에게 하루하루 어떤 인사를 할지 방법을 정하자고 했다. 아이들은 인사 방법을 네 개의 카드로 만들고, '한 번 더'와 '반장 마음대로' 카드를 추가해 큰 주사위에 붙이자고 했다. 드디어 우리 반의 인사 주사위가 만들어졌다. 다음으로 매일 인사 주사위를 누가 던질 것인지에 대해 이야기했다.

교사 인사 주사위는 누가 던질까요?

은서 선생님이요.

아이들 그럼 우리는 못 하잖아. 나도 하고 싶어. 선생님만 던지는 건 싫어.

지성 반장이 하면 어때?

강서 그래, 반장은 출석번호 순서대로 하니까 우리가 다 할 수 있겠다.

인사 주사위는 반장이 던지는 것으로 결정되었다. 아이들은 당장 그날부터 야단법석이었다. 교육과정 마무리 시간에 함께할 작은 즐거움이 생긴 것이다. 오늘은 과연 어떤 인사가 결정될지 두근두근! 반장이 인사 주사위를 던질 시간이 되면 아이들은 자기가 하고 싶은 인사를 외쳤다. 하트! 사랑해! 점프! 매일 하는 교육과정 마무리 인사가 이렇게까지 아이들에게 즐거움을 주는 시간이 될 수 있다니 신기했다.

하지만 인성 덕목을 넣은 등·하교 인사도 여전히 계속하고 있다. 유치원 전체가 몇 달간 해온 것을 우리 반만 아이들의 의견을 따라 없앨 수는 없었다. 내년 인성교육 연간계획에 아이들의 의견을 반영한다면 '선생님, 누가 정했어요?', '왜 이렇게 해야 하는데요?'라는 불만 섞인 질문에 교사가 더는 횡설수설하지 않아도 되지 않을까? 나는 12월 달력에 '인성교육 연간계획 수립 시 아이들과 협의하기'를 쓰고 별 다섯 개를 그린다.

쓰레기
없는 날

다시 돌아온 수업나눔 동아리 모임 날. 오랜만에 만나 그간 어떻게 지냈는지 서로의 안부를 묻는가 했는데, 제 버릇 남 못 주듯 어느새 유치원에서 아이들과 지낸 이야기를 나누고 있다. 오늘은 지난번 모임에서 정했던 '쓰레기 없는 날' 활동을 각자 반에서 실천한 후기를 듣는 날이다. 그사이에 무슨 일들이 벌어졌을까?

꼬꼬무샘이 풀어놓은 이야기

월요일 아침부터 교무실 코팅기 앞이 부산했다. 교생들의 수업 공개가 있는 기간이라 수업자료를 만들기 위해 매일 코팅을 해대는 통에

유치원 아이들의 학급 자치 이야기

코팅기가 쉬는 날이 없다. 아이들 이름표, 환경판에 붙일 얼굴, 교실 환경정리를 위해 필요한 작품 제목 등 코팅할 종류도 학급마다 각양각색이다. 옆 반 선생님과 나도 그 틈에 끼어 도안을 사이좋게 주고받으며 코팅된 자료를 한 아름 안고 각자의 반으로 들어갔다.

그날은 아이들과 종이접기를 완성해서 환경판을 꾸미기로 한 날이었다. 아이들의 작품과 내가 코팅해 온 도안들을 잘라 함께 환경판에 배치한 다음 기왕이면 멋지고 근사하게 제목까지 붙여주고 기념사진을 찍을 예정이었다. 아이들과 나는 옹기종기 앉아서 색종이를 접고 코팅된 자료들을 열심히 자르고 오려 붙였다. 열정적인 가위질과 풀칠 끝에 완성된 작품들이 환경판 곳곳에 자리를 잡았고 우리는 흡족함을 느꼈다.

어수선해진 자리를 정리한 후 아이들이 화장실에 다녀오는 동안, 나는 교실의 남은 뒷정리를 하고 있다가 쓰레기통을 보고 눈살을 찌푸렸다. 쓰레기통은 내용물을 게워내다 못해 주변에 온통 파편을 흩뿌리고 뚜껑마저 삐딱하게 걸치고 있었다. 평소에도 미술놀이가 활발한 날은 쓰레기가 많이 나오기 때문에 쓰레기통 속 내용물이 어느 정도 차오르면 여러 번 꾹 눌러주곤 했지만, 오늘은 상태가 유독 심했다.

교사 얘들아, 쓰레기통 주변이 왜 이렇게 되었을까?

진하 쓰레기가 많아서 안 들어가서 그래요.

교사 혹시 오늘 큰 종이를 많이 버렸니? 쓰레기를 버릴 때는 뚜껑 안까지 쑥 집어

넣기로 했는데 약속을 안 지키고 쓰레기통 옆에 대강 버린 친구들도 있는 것 같은데?

아이들과 나는 쓰레기통 주변에 둘러서서 의심의 눈초리로 서로를 바라보았다. 반에서 나오는 주된 쓰레기는 놀이시간에 사용한 종이류와 화장지, 핸드타월이다. 특히 미술놀이를 하면 아이들이 잘못 만들었다며 사용하던 색종이를 그대로 쓰레기통에 버리는 경우가 많았기 때문에 자기 손바닥보다 큰 종이는 버리지 않기로 약속을 정했었다. 아무래도 조금 전에 미술놀이를 하면서 아이들이 약속을 지키지 않아 쓰레기통이 넘쳐나는 것 같았다.

교사   쓰레기통에 뭐가 많이 들어있는지 같이 한번 확인해볼까?
아이들   난 쑥 집어넣었는데…. 나는 작은 것만 버리고, 큰 것은 안 버렸어요.

부인하는 아이들에게 약속을 어긴 사실을 확인시킬 요량으로 쓰레기통을 들여다보는 순간, 나는 할 말을 잃었다. 아이들이 버린 종이가 쓰레기통 밖으로 튕겨 나와 있는 이유는 내가 가지고 온 코팅자료 때문이었다. 코팅된 것을 자르고 남은 자투리들이 쓰레기통 안에 차곡차곡 쌓이지 못하고 얽히고설켜 있던 것이다.

희원   이거 선생님이 만든 쓰레기 아니에요? 이게 제일 많아요.

유치원 아이들의 학급 자치 이야기

교사 그래, 미안….

겸연쩍은 사과의 말이 내 입에서 흘러나왔다. 미술놀이할 때 지켜야 할 약속은 우리 반 모두에게 해당하는 약속이었다. 아이들은 쓰레기 버리기에 관련된 약속을 지켰는데, 정작 그 약속을 지키지 않은 사람은 교사인 나였다. 부끄러움이 밀려왔다. '이왕 이렇게 된 거 동아리 모임에서 말했던 쓰레기 없는 날을 당장 시작해야겠어.'

교사 얘들아, 오늘부터 수요일까지 삼 일간 쓰레기통 없이 살아볼까?
지유 왜요?
교사 쓰레기 버리기 약속을 다 같이 얼마나 잘 지키는지 한번 실험해보는 게 어때? 오늘은 선생님이 약속을 안 지켰는데 이번에는 선생님도 제대로 약속을 지킬게.
지유 그럼 쓰레기는 어떻게 버려요?
교사 선생님이 모둠마다 작은 종이상자를 하나씩 줄게. 거기에 모둠별로 쓰레기를 버리고 삼 일 후 어느 모둠이 가장 약속을 잘 지켰는지 보자.
아이들 좋아요!

아이들은 모둠 한쪽에 종이상자 쓰레기통을 놓고, 나는 교실 앞쪽 구석에 내 전용 통을 놓고 서로 파이팅을 외쳤다.

| 관찰 첫째 날

- 아이들이 쓰레기를 아예 만들지 않으려고 서로 견제함
- 모둠 친구가 가위를 들기만 해도 쫓아가서 조금만 자르라고 말하는 아이가 보임
- 쉬는 시간에는 다른 모둠의 쓰레기가 얼마나 찼는지 들여다봄
- 하교 전에 서로의 종이상자 쓰레기통을 보며 평가함

| 관찰 둘째 날

- 미술영역에서 놀이하는 아이가 없어 개점휴업 중
- 구겨진 색종이를 다시 펴놓고 가는 아이가 있음
- 쓰레기를 몰래 다른 모둠의 종이상자 쓰레기통이나 교구장 바구니에 넣는 아이가 보임
- 자기 모둠 종이상자 쓰레기통을 다른 모둠 친구들이 찾지 못하게 몰래 숨김

| 관찰 셋째 날

- 자기가 접은 종이나 만든 것들을 모조리 가방에 넣음
- 화장실 쓰레기통에 가서 조용히 쓰레기를 버리고 오는 아이도 있음
- 자기 쓰레기를 선생님에게 주기도 함
- 어쩔 수 없이 버려야 할 때는 최대한 작게 만들어 버리려고 노력함

관찰 셋째 날 하교 시간에 아이들과 나는 그동안 모둠원끼리 사용

유치원 아이들의 학급 자치 이야기

한 종이상자 쓰레기통을 한데 모아 살펴보았다. 쓰레기가 가장 적은 모둠은 환호성을 질렀고, 다른 모둠들은 아쉬워했다.

교사 쓰레기통 없이 살아보니 어땠어?

희원 너무 불편했어요. 제대로 놀 수가 없었어요.

상희 다른 친구들이 쓰레기를 우리 쓰레기 상자에 넣으려고 해서 싫었어요.

가윤 쓰레기를 바닥에 몰래 버리는 친구도 있었어요. 그러면 안 되는데.

교사 우리가 가장 많이 버리는 쓰레기가 뭘까?

시원 종이요, 손 닦는 종이도 한 장만 써야 하는데 두 장씩 써요.

운재 장난감이 고장 나니까 너무 큰 쓰레기가 돼서 힘들었어요.

교사 다시 쓰레기통을 놓을 건데, 이번에는 이전보다 더 작은 쓰레기통으로 가지고 올 거야. 우리가 어떻게 하면 쓰레기를 줄일 수 있을까?

자영 약속을 정해서 조금씩만 버려요.

정아 그런데 선생님, 우리 집 앞 놀이터에도 쓰레기가 많아요. 쓰레기통에 버려야 하는데 약속을 안 지키는 사람이 있어요.

대진 나도 그런 사람들 봤어.

쓰레기통 없이 살았던 삼 일간의 고초들과 더불어 집 앞 놀이터의 쓰레기 이야기까지 여기저기서 많은 말들이 튀어나왔다. 그사이 양심에 철갑을 둘렀던 몇몇 아이들은 미안하다며 사과하기도 했다. 아이들은 그동안 잊고 지냈던 쓰레기통의 노고에 무한 감사를 보내며 쓰레기를 줄이기 위해 해야 할 일을 약속으로 정하자고 제안했다. 아울러 놀이터에서도 간식을 먹으면 꼭 쓰레기통에 버려야 한다는 다짐까지 늘어놓았다. 놀라운 변화였다. 비록 언젠가 다시 쓰레기를 마구 버리는 실수를 되풀이하게 될지언정 이번 활동을 통해 아이들은 분명 성장했다.

쓰레기통 없이 사는 동안 제일 힘든 사람은 아이들이 아니라 사실 나였다. 아이들에게 모범을 보여야 한다는 생각에 쓰레기가 나올 만한 만들기 자료는 교무실에서 모조리 완성해서 교실로 들어갔고, 교실에서는 최대한 쓰레기를 안 만들거나 어쩔 수 없이 쓰레기가 생기면 주머니나 수업용 자료 바구니에 몰래 담아 교무실로 가져왔다. 이런 나의 행동은 그간 우리 반에서 쓰레기를 가장 많이 만들었던 사람이 바로 나였다는 방증이기도 했다.

이 일을 계기로 나는 학급 약속에 대해 다시 한번 각성하게 되었다. 자치의 기본은 약속을 스스로 지키는 것이다. 그런데 나는 아이들은 당연히 학급 약속을 지켜야 하고, 교사는 그 이행 정도를 평가하는 사람으로 구분한 것이다. 쓰레기통이 넘쳤던 날 아이들에게 약속을 제대로 지켰는지 확인시켜 주려고 했던 내 행동은 이러한 나의 이분법적인 사고를 여실히 드러낸 것이었다. 학급의 약속은 아이들과 교사인 내가 함께 지키는 것이지, 교사가 그 결과를 평가만 해서는 안 된다는 사실을 자각한 부끄럽지만 소중한 기회였다.

해피쌤이 풀어놓은 이야기

오늘도 미술영역은 단연 인기 최고다. 알록달록 여러 가지 색깔의 클레이 점토를 준비해 주었더니 너도나도 모여들어 점토 놀이에 푹 빠져있다. 세 살 아이들은 병행놀이를 하는 시기답게 서로 경쟁하듯 점토를 떼어가기 시작했고 나중에는 자기 주먹보다 더 크게 가져가는 아이들도 있었다.

교사　얘들아, 점토 너무 많이 사용하는 것 같아. 아껴 쓰자.

아이들은 나의 이야기를 듣는 둥 마는 둥 하며 놀이에 빠져 있었고, 나중에는 여러 가지 색깔 점토들을 다 섞어서 공을 만들더니 책상 위에 그대로 덩그러니 올려놓고 사라지곤 하였다. 딱딱하게 굳은 점토들은 여기저기에서 나뒹굴었고, 결국 책상 위에서 주인 없이 돌아다니는 점토들은 쓰레기통으로 직행해야 했다. 이렇게 하다간 쓰레기통 절반이 점토로 가득 찰 기세다.

교사　(쓰레기통 안을 보여주며) 여기 좀 볼래? 이거 뭘까?
유영　이건 우리가 쓴 점토예요.
교사　왜 이렇게 되었을까?
준이　우리가 점토를 너무 많이 사용해서 그래요.

교사 (쓰레기로 덮인 지구 사진을 보며) 여기 지구가 슬퍼하고 있네. 왜 그런 거 같니?

정연 우리가 너무 많이 버렸나 봐요.

교사 다른 유치원 형님들도 쓰레기 줄이기 활동을 하고 있대. 누가 더 잘하나 시합해볼까?

아이들 좋아요, 지구가 슬퍼하지 않게 해요.

나는 아이들에게 개인용 쓰레기통으로 사용할 작은 봉투를 나눠주었다. 우리는 삼 일간 각자의 쓰레기를 봉투에 넣은 후 마지막 날 꺼내어 비교해보기로 하였다.

| 관찰 첫째 날

- 아이들로 항상 북적이던 미술영역이 한가로워짐
- 오리고 자르고 붙이기 좋아하는 은유는 A4용지에 그림을 그리고 자른 후 남은 종이를 버리려다가 쓰레기통이 없음을 깨달음. 자기의 작은 쓰레기통에 넣으면서 '어, 이러면 안 되는데.'라며 작은 목소리로 이야기함
- 주먹 크기의 점토가 책상 위에 굴러다녀서 주인을 찾았으나 모두 내 것이 아니라고 함

| 관찰 둘째 날

- 미술영역에서 두 명의 아이들이 점토 놀이를 하고 남기지 않았음
- 대부분의 아이들은 미술영역에서 놀이를 하지 않고 다른 영역에서 놀이함

- 휴지를 사용한 유아들이 자기 봉투에 넣지 않으려고 들고 돌아다니다가 어쩔 수 없이 봉투에 넣기도 함

| 관찰 셋째 날

- 오늘도 미술영역보다 다른 영역에서 놀이하는 아이들이 많았음
- 셋째 날이 되어도 자기 봉투에 쓰레기가 없는 아이들도 있었음

관찰 셋째 날, 우리는 모두 모여 앉아 각자의 봉투에서 쓰레기를 꺼내보았다. 첫째 날 은유가 자르고 버린 종이 쓰레기 외에는 아주 작은 점토들과 몇 장의 휴지만 나왔다.

교사 쓰레기통에 마음껏 버리다가 작은 봉투에 넣으려니 힘들지 않았니?

유영 괜찮았어요.

민유 선생님, 지구가 이제 안 슬퍼요?

민준 우리가 쓰레기 조금만 버렸어요. 이제 안 슬퍼요?

아이들은 지구가 슬프지 않도록 삼 일간 미술영역에서 놀이를 꾹 참으며 한 번도 만난 적이 없는 다른 유치원의 형님들보다 잘하려고 노력했던 것이다.

자치, 환경, 교육에 대한 짧은 회고

두 선생님의 이야기를 듣고 우리는 각자의 소감을 이야기했다.

꼬꼬무샘 저는 이번 활동을 하면서 '약속'의 대상에서 자연스럽게 '나'를 제외하는 어른의 모습이 내 안에 있다는 것을 알았어요. 환경교육처럼 특히나 지금 당장 태세를 전환하고 동참해야 할 의무에서 내가 예외가 되면 아이들은 무엇을 배울 수 있을까 싶어 많은 생각을 하게 되었어요.

해피샘 쓰레기통 없는 날을 막상 해보니 그간 내가 해왔던 환경교육은 환경 파괴의 원인과 위험성 등 주로 인지적 측면에서 환경 보전의 필요성을 인식시키는 데 주안점을 두었다는 것을 알았어요. 정작 환경을 이렇게 만든 것은 어른들인데 아이들에게 환경 보전에 대한 의무감을 지웠던 것 같아 미안하기도 했어요. 물론 아이들이 앞으로 살아가기 위해서는 환경 보전에 대한 의무감을 느껴야 하지만, 환경을 위해 스스로 할 수 있는 것들을 찾아보고 실천해보면서 성취감을 느끼고 즐겁게 참여하는 게 먼저일 것 같아요.

팩폭샘 환경교육 자료로 나와 있는 것들을 활용해서 아이들과 이야기할 때면 지구온난화로 북극곰이 사라진다는 이야기에 아이들이 얼마나 공감할 수 있을지 의구심이 들었어요. 자동차 타지 않고 걸어가기, 계단으로 오르내리기, 사용하지 않는 전기 아껴 쓰기, 음식물 쓰레기 줄이기 등 환경을 위한 여러 가지 약속 중 사실 아이들보다 어른이 먼저 각성하고 지켜야 하는 것들이 많은데 어른인 저는 지키지 않으면서 아이들에게 환경을 위해 어떻게 할 수 있을지 생각해보고 약속을 정하자고 할 때가 많았죠. 가만 보면 약속, 자치 이런 것들에 대한 아이들의 의식이 어른보다 높은 것 같아요.

얼마 전, 쓰레기 더미 위에 맨발로 올라가 쓸 만한 것들을 찾는 다른 나라 아이들 모습이 찍힌 사진을 보았다. 저 쓰레기산 속의 물건 중에 내가 버린 것이 있을지 모르겠다고 잠시 생각했지만 곧 잊었다. 그런데 그것이 만약 지금 내 옆에서 벌어지는 일상이라면 쉽게 잊었을까? 아마도 며칠 밤을 새워서라도 대책 회의를 하고 캠페인을 벌이고 쓰레기 버리는 사람들을 고발하는 등 해결을 위해 적극적으로 발 벗고 나섰을 것이다.

지구가 쓰레기에 덮여가는 것을 알면서도 오늘 내가 사용하는 비닐장갑과 물티슈를 쉽사리 포기하지 못하는 것은 참여와 연대의 책무성에서 한 발짝 나를 예외로 두었기 때문일 것이다. 쓰레기통 없는 날 활동을 공유하며 아이들의 자치를 고민하기 위해서는 교사도 아이들과 같은 공동체의 일원임을 잊지 말아야 한다는 것을 깨달았다.

어쩔티비? 1

유치원 아이들의 학급 자치 이야기

자존감을 높이는
칭찬의 기술

'음, 오늘은 예주 상담이네. 예주는 친구들을 배려하는 바른 생활 어린이라 칭찬거리가 많아 부담 없이 상담할 수 있겠어.' 시작은 이렇게 가벼운 마음이었다.

> **교사**   어머니, 우리 예주는 다른 친구들이 놀이한 것까지 척척 정리하고 양보와 배
> 려를 잘해요.
> **예주 어머니**   그런데 선생님, 사실은요….

양보와 배려의 마법에 걸린 것 같은 예주의 모습에 칭찬이 마를 날이 없었는데 예주 어머니와 상담을 하다 놀라운 사실을 알게 되었다.

예주 어머니   사실 예주가 친구들을 위해 배려하고 양보하는 것을 무척 힘들어해
요. 예주는 친구들에게 배려하고 양보하는데 친구들은 그만큼 해주
지 않아서 많이 속상한 것 같아요. 칭찬을 많이 받아야 한다는 스트
레스로 원형탈모까지 생겼어요.

예주 어머니와 상담을 끝낸 후 나의 칭찬이 예주에게 독이 된 것
같아 미안한 마음이 들었다. '뭐가 문제였을까? 그동안 내가 아이들에
게 어떻게 칭찬했었지?' 예주를 생각하다가 나의 칭찬 변천사가 주마등
처럼 스쳐갔다.

시즌 1 칭찬스티커로 조정할 수 있을 거라 믿었어!

초임 시절 몇 년 동안은 칭찬스티커와 스티커 판이 화장실의 화장
지처럼 기본생활습관 형성과 인성교육을 위해 없어서는 안 될 필수템
이었다.

교사   여기 멋진 칭찬스티커 판 보이지요? 오늘부터 약속 잘 지킨 친구는 칭찬스티
커를 줄 거예요. 은찬이는 오늘 김치도 먹고 시금치도 먹었으니 스티커 세 개!
정리 정돈을 잘한 민준이는 스티커 두 개! 스티커를 다 모으면 선생님이 선물
도 줄 거예요.

내 기분이 좋은 날은 마트 깜짝 이벤트처럼 2+1, 1+1처럼 칭찬스티커를 나눠주고, 아이들의 다툼이 잦거나 약속을 지키지 않은 날은 스티커를 무기 삼아 상황을 통제하였다. 어쨌든 내가 스티커 인심을 후하게 쓰는 날이면 아이들은 자기 칭찬스티커 판이 곧 채워질 것이라 기대하고 무척이나 좋아했다. 그만큼 스티커는 아이들에게 소중한 재산이었다.

일 년 동안 칭찬스티커 판을 여러 번 채워서 몇 차례 선물을 받는 아이들이 있는가 하면, 학년 말이 될 때까지 스티커를 다 모으지 못한 아이도 있다. 이럴 때는 내 마음 한구석이 짠해져 일부러 칭찬거리를 제공해 스티커를 붙여주고 선물 하나라도 받게 해준다. 이렇게 지지고 볶는 한 해가 지나고 아이들이 졸업한 교실에는 입학부터 졸업까지 하루도 빠짐없이 다른 친구들과 비교당하고 평가받은 결과만 덩그러니 걸려 있었다.

시즌 2 지금부터 내 교직 생활에 칭찬스티커는 없다! 결단코!

칭찬스티커 판 앞에 옹기종기 모여 스티커 개수를 열심히 세고 있는 아이들의 모습이 보인다. 참새가 방앗간 드나들듯 아침에 등교하면 아이들은 칭찬스티커 판 앞으로 갔다.

예서 선생님, 내 스티커가 어제까지 분명 열 개였는데 오늘 여덟 개밖에 없어요.

종현 예은이는 스티커 조금밖에 없었는데 갑자기 많아졌어요.

교사 그럴 리가, 잘못 센 거 아닐까요? 다시 세어볼래요?

처음에는 스티커가 떨어져 없어진 줄 알고 다시 붙여주기도 했는데 몇 번을 두고 보니 그게 아니었다. 자기가 싫어하는 친구의 스티커를 몰래 뜯어버린 아이, 다른 친구의 스티커를 뜯어서 좋아하는 친구 칭찬스티커 판에 붙여준 아이, 급기야 문방구에서 똑같은 스티커를 사 와서 자기 판에 붙인 아이까지! '이 어린아이들 머리에서 어떻게 이런 생각들이 나오지? 내 영혼의 비타민인 너희가 어떻게 이럴 수 있어?' 갑자기 교실이 생기 없는 무채색으로 변한 것 같았다.

'그래, 순수한 너희가 무슨 죄겠니? 경쟁을 부추긴 내 잘못이다.' 배신감과 슬픔도 한순간. 결국 원인을 제공한 나를 탓하며 아이들에게 "우리 반에서 칭찬스티커는 이제 없어요."라고 선언했다. 교실은 삽시간에 아수라장이 되었다. 스티커 한두 개만 더 모으면 선물을 받는 아이들의 실망과 억울함, 평소 스티커를 자주 받지 못한 아이들의 환호를 모른 척하며 나는 벽에서 칭찬스티커 판을 떼어냈다. 굿바이, 마이 매직 스티커!

시즌 3 칭찬스티커, 그 헛헛함에 대하여

십 년 가까이 나와 함께한 칭찬스티커를 자신 있게 없앤 후, 나는 어느새 교실에서 잔소리 대마왕 짱구 엄마로 빙의되어 아이들 행동을 하나하나 지적하기 시작했다.

> **교사** 정우야, 교실에서는 뛰지 말고 걸어요. 시우야, 놀이할 때 목소리 조절하세요. 자기가 사용한 물건은 스스로 정리해요, 의자에 바르게 앉아요, 자기 쓰레기는 자기가 버려요, 장난감 던지지 않…. 휴.

목이 아팠다. 갑자기 엄마가 보고 싶었다. '엄마, 열매반 친구들이 나 힘들게 해.' 파김치가 된 나와 달리 아이들은 고삐 풀린 망아지처럼 자유로웠다. 누가 더 잘 뛰나 내기라도 하는 듯 교실을 마구 뛰어다니거나, 옆자리로 쓰레기를 쓱 밀기도 하고, 장난감을 정리하지 않은 채 자리를 이동하며 내 눈치를 살피기도 했다. 내 눈은 아이들의 잘못된 행동을 감시하는 카메라처럼 오른쪽에서 왼쪽으로, 왼쪽에서 오른쪽으로 움직이고 있었다. 언제든지 출동할 태세를 갖춘 내 몸은 앉은 것도 서 있는 것도 아니었다.

그런 내 모습이 너무 슬펐다. '아! 힘들다. 칭찬스티커를 다시 해볼까?'라는 생각이 마음속에 불쑥불쑥 올라왔지만 단호했던 내 결정을 번복할 수 없었다. 이 고비만 잘 넘기면 평화로운 세상이 돌아올 거라

간절히 믿고 싶었다. 어쩌다 약속을 잘 지킨 아이의 모습이 포착되면 월드컵 결승전에서 골을 넣은 것처럼 격하게 환호하며 칭찬해주었다.

교사 우와, 승후는 교실 바닥에 떨어진 쓰레기를 스스로 주워서 버리네요. 아름다운 마음의 승후, 칭, 칭, 칭, 칭찬합니다~. 아름다운 마음이 더 커지는 비타민 받으세요.

갑자기 등장한 비타민과 나의 격한 칭찬에 아이들은 교실 바닥에 떨어진 쓰레기가 더 있는지 찾기 시작했다.

아이들 선생님, 저도 종이 주웠어요. 저도요! 저도요!

교사 (엄지척 하며) 역시 우리 열매반 친구들, 모두 칭찬합니다~. (손가락 하트를 날리며) 선생님의 사랑을 받으세요!

민준 그럼 스티커 줄 거예요?

서연 선생님이 이제 우리 반 칭찬스티커 안 준다고 했잖아.

아이들에게는 여전히 칭찬스티커에 대한 미련이 남아 있었다. 아직 짧긴 하지만 아이들도 자기 인생의 삼분의 일, 어쩌면 반 이상을 함께 살아온 칭찬스티커가 없어진 상황에 적응할 시간이 필요했다.

아이들 선생님, 스티커 이제 안 줄 거예요? (그 어느 때보다도 초롱초롱한 눈망울로 무언가를 갈망하는 눈빛과 자세를 취하고 있다.)

교사 선생님이 스티커 대신 비타민을 준비했어요. 약속을 잘 지킬 수 있는 아름다운 마음이 커지는 비타민이에요.

아이들 우와~.

갑자기 폐지된 칭찬스티커의 헛헛함을 달래주고 아이들이 나를 잔소리 대마왕으로 인식하기 전에 찾아낸 훌륭한 대체품, 이름하여 아름다운 마음을 커지게 하는 비타민! 아이들 건강도 Up, 내 정신 건강은 더 Up!

시즌4 칭찬에 관한 끝나지 않은 고민

다시 찾은 교실의 평화, 그런데 내가 진정 바라던 모습이 이건 아니라는 불편한 진실과 마주했다. 비타민이 스티커의 대체품이라는 것을 본능적으로 알아챈 아이들은 내가 누구를 칭찬하려 하면 역으로 친구들의 잘못이나 약속을 어기는 행동을 봤다면서 투철한 신고 정신을 발휘했다. 이러다 보니 친구를 도와줬다거나 약속을 잘 지켰다는 아름다운 이야기는 가뭄에 콩 나듯이 듣기 어려웠다. 비타민을 보충하고 밝아진 눈이 장점을 찾기보다는 단점을 찾는 데 더 특화된 것 같았다. 우리는 왜 칭찬에 인색할까? 착잡한 마음에 아이들과 칭찬에 관하여 이야기를 했다.

> **교사** 칭찬은 왜 하는 걸까요?
>
> **아이들** 약속 잘 지켰으니까요, 비타민이랑 선물을 주려고요. 기분 좋으라고요.
>
> **교사** 칭찬은 누가 하는 걸까요?
>
> **아이들** 선생님, 친구들이요.
>
> **교사** 무엇을 칭찬할까요?
>
> **아이들** 걸어 다니기, 밥 잘 먹기, 차례대로 줄 서기, 친구 도와주기, 활동 잘했을
>   때, 사이좋게 놀았을 때, 정리 정돈했을 때….
>
> **교사** (너희들, 이렇게 잘 알고 있으면서 안 지킨 건 내 인내의 한계를 시험한 거야? 아
>   니야, 그럴 리가 없지, 실수였지, 실수!)

아이들이 생각하는 칭찬에 관한 의견을 정리하여 우리 반 칭찬 약속을 정했다.

| 우리 반 칭찬 약속
- 유치원에서 걸어 다니기
- 음식 골고루 먹기
- 친구와 사이좋게 지내기
- 차례차례 질서 지키기
- 제자리에 정리 정돈하기

유치원 아이들의 학급 자치 이야기

우리는 교육과정 마무리 시간에 약속을 잘 지킨 아이들에게 나와 모둠장이 칭찬하기로 했다. 모둠장들이 친구들의 모습을 칭찬하게 되면서 약속 위반에 대한 신고는 줄어들었다. 며칠이 지나 '다른 사람을 칭찬할 수 있는 멋진 친구들, 너희들은 나의 최애 제자들이야.'라고 흐뭇해하고 있을 때쯤 원망 섞인 목소리로 정현이가 말했다.

> **정현** 선생님, 맨날 친한 친구끼리만 칭찬하고 나는 약속을 잘 지켰는데도 모둠장이 칭찬을 안 해요.
>
> **1모둠장** 아니야, 나는 안 친한 친구도 칭찬했어.
>
> **2모둠장** 나는 노느라고 친구들 칭찬할 거 못 찾은 거야.
>
> **3모둠장** 선생님, 저는 칭찬할 친구가 없었어요.
>
> **4모둠장** (정현이에게) 미안해.

모둠장은 모둠장대로 모둠원은 모둠원대로 각자의 입장이 달랐다. '모둠장은 서로 돌아가면서 순서대로 하는데 지금 이 상황은 뭐지?'라는 생각이 들었다. 이런 경험이 많았는지 아이들은 서로의 이야기를 들으며 공감했다. 모둠장에게 '다른 친구를 칭찬하는 것'은 반드시 해야 하는 과제가 되었고, 나는 '친구 칭찬하기'를 모둠장에게 맡기고 한쪽 눈을 감았던 것이다.

시즌 5 너희는 어떤 칭찬을 원하니?

여기저기서 읽었던 변화와 도전에 관한 명언들이 내 머릿속에서 춤추기 시작했다. 나는 변화를 두려워하지 않는 도전의 아이콘이 된 것처럼 두 주먹을 불끈 쥐었다. '그래, 선생님은 너희를 위해 바뀔 준비가 되어 있어.' 나는 유아교육 전공 서적의 표지모델처럼 인자한 모습으로 아이들에게 물었다.

> **교사** 우리가 정한 칭찬 약속에서 바꾸고 싶은 것이 있나요?
> **아이들** 모둠장 할 때 친구를 칭찬하는 게 힘들어요.
> **교사** 그럼 누가 칭찬을 할까요?
> **아이들** 잘 모르겠어요.
> **교사** 선생님도 칭찬하고 친구들도 칭찬하고 나도 나를 칭찬하고, 어때요?
> **아이들** 내가 나를 칭찬한다고요? 하하하, 어떻게 내가 나를 칭찬해요?

나는 아이들이 칭찬은 다른 사람만 해줄 수 있다고 생각하는 것을 바꿔주고 싶었다.

> **교사** 선생님도 배웠는데 '공부하기 싫은데 참고 공부한 나를 칭찬해.' 하며 내가 나를 안아주는 거예요. 선생님은 선생님 스스로 오늘 칭찬할 게 엄청 많은 것 같아요.

아이들 뭔데요?

교사 우유 잘 마셔 뼈를 튼튼하게 한 나를 칭찬해 (뼈를 만지고 팔을 토닥토닥), 젓가
락질해서 맛있는 음식 먹게 해준 손가락을 칭찬해, 장난감 정리 잘해서 칭찬
해. 어때요? 선생님 진짜 칭찬할 거 많지요?

아이들 하하하.

아이들은 개그콘서트를 본 것처럼 나의 말 한마디, 손짓 하나에도
빵빵 웃음을 터뜨렸다. 오늘도 아이들을 웃겼다는 자부심을 뒤로하고
다시 본론으로 돌아왔다.

영진 나는 골고루 먹기를 잘 못하는데 그게 우리 반 칭찬 약속이라 힘들어요.

수아 나도 그래.

현서 그럼 못하는 거 말고 자기가 잘할 수 있는 것을 칭찬해요.

아이들 좋아요!

아이들은 각자 칭찬받고 싶은 나만의 칭찬 내용을 정했다. 그리고
스스로 지킬 수 있는 나의 다짐을 정해 지켰을 때 칭찬받을 수 있고,
잘한 내 모습을 스스로 칭찬한다는 것에 만족했다. 나는 새로운 칭찬
방법을 위해 권력이자 권위의 상징이었던 비타민 바구니도 과감히 내
주었다. 아이들은 환호성을 지르며 "선생님, 최고."를 외쳤다.

다시 봄날같이 따뜻한 평화가 찾아온 줄 알았으나 문제는 또 생겼

다. 비타민 바구니 근처에 유명 셀럽들의 모습이 보이기 시작한 것이다. 비타민이 내 것인 듯 인심 좋게 막 퍼주는 김만덕, 오전에 먹고 오후에도 먹는 먹방 유튜버, 엄마 준다며 가지고 가는 효자 율곡 이이, 친구에게 칭찬 비타민을 주라고 부탁하는 흥부까지.

어떤 일이든 정착되기까지 여러 가지 변수가 생기기 마련이다. 예전의 나였다면 '비타민은 하루에 한 개씩'이라고 정하고 그것을 지키지 않으면 비타민 바구니는 없어질 거라고 말했을지도 모른다. 하지만 지금의 나는 다시 회의가 필요하다고 아이들 스스로 건의할 때까지 기다리고 있다. 고민이 안 되느냐고? 물론 된다. 하지만 아이들 스스로 이만큼 발전했으니 곧 또 한 걸음 나아갈 것이다. 자치는 자발적이어야 하니까!

유치원 아이들의 학급 자치 이야기

현명하게
화내는 방법

　　교직 생활 삼 년 차, 유치원 선생님이 제법 익숙해졌다 싶다가도 갑자기 생기는 낯선 상황에 당황하던 시절의 일이다. 급식실로 가기 위해 교실에서 아이들을 줄 세우다 갑자기 터진 괴성에 고개를 돌렸다. '아, 역시 지민이 소리구나.' 지민이는 무엇 때문에 또 화가 났는지 발을 쿵쿵거리고 씩씩대며 앞쪽을 향해 소리를 지르고 있었다. 그동안 몇 번 들었던 탓에 새삼스럽지는 않았으나 나도 모르게 눈썹이 히말라야산맥을 그렸다.

　　또래보다 말문이 늦게 터진 지민이는 수틀리면 줄곧 이런 식으로 감정을 표현했다. 주변에 서 있는 아이들에게 원인을 물어봐도 갑자기 이러는 거라 잘 모르겠다고 한다. 지민이는 이제 아예 교실 바닥에 대자로 누워버렸다. 이런 일이 벌어질 때마다 시곗바늘은 2배속으로 감기는 것 같다. 급식실에 도착해야 하는 시간이 촉박해지자 나는 어쩔 수 없이 지민이를 일으켜 세우고 반강제로 급식실에 데려갈 수밖에 없었다. '아이를 굶길 수는 없고…. 힘들다, 힘들어.'

교사 지민아, 아까 왜 그랬어?

지민 샘새미가 앞에 가구 시퍼.

교사 뭐라고? 다시 말해줄래?

지민 샘새미가 가구 시퍼.

교사 (뭐라는 거니?) 다시 한번만….

희진 선생님이랑 앞에 가고 싶다는 말 아니에요?

오, 역시 아이 말을 못 알아들을 때는 바로 옆 아이가 통역사다. 나는 백 번을 들어도 이해가 안 되는 지민이의 말을 또래 아이들은 두어 번 만에 알아듣는다. '조음기관 발달 수준이 비슷해서 그런가? 그나저나 지민이의 시위 이유가 이거였어? 줄을 서기 전까지는 나한테 단단히 삐진 것 같더니만.' 이유 같지 않은 이유지만 어쨌든 아이의 마음을 알게 되어 속은 시원했다.

사랑스러운 지글리

밀림에는 모글리, 우리 반엔 사랑스러운 지글리가 있다. 지민이는 언어발달이 느려 아직 말문이 또래만큼 트이지 않은 상태에다 가정의 보살핌을 충분히 받지 못해 정서적인 안정감도 부족했다. 그러다 보니 말보다는 몸으로 자기감정을 표현하는 게 더 자연스러웠다. 기분이 나쁘거나 화가 날 때는 발을 구르며 소리를 질렀고, 나와 기 싸움을 하듯 고집을 부릴 때는 그 자리에서 소변을 보기도 했다. 그 모습이 애니메이션 〈모글리〉의 한 장면과 묘하게 겹쳐 나만 아는 비밀스러운 별명을 지었다. 나를 힘들게 하지만 미워할 수 없는 사랑스러운 지글리, 넌 나의 미스터리야.

지민이와 실랑이를 하고 있을 때면 가끔 '덤 앤 더머'가 된 듯한 기분이 들었다. 삼 년 차 햇병아리라 나 스스로 폭탄같이 느껴질 때가 있는데, 거기다 지민이가 더해지니 뭐랄까, 그냥 폭탄이 핵폭탄이 된 느낌적인 느낌?

당시 나에게는 책임져야 할 아이가 열여덟 명이나 되었는데, 사랑스러운 지글리는 내 관심을 오롯이 독차지하려고 했다. 다른 친구들과 어울리지 못해서 더 그랬는지 모르겠지만, 지민이는 내 행동이 마음에 들지 않으면 바닥과 혼연일체가 되는 시위를 하루에도 몇 번씩 거뜬히 선보였다. 나와 지민이의 기 싸움은 계속되었고, 때로는 다른 아이들까지도 지민이의 화풀이 대상이 되었다.

교사 지민아, 기분 나쁘면 소리 지르지 말고 선생님에게 말을 해야지. 그렇게 막무
가내로 소리 지르고 울면서 말하면 못 알아들어. 화가 나도 울음을 뚝 그치
고 또박또박 말하자. 그리고 장난감은 내려놓고 말하기.

나는 지민이에게 움켜잡은 것을 놓으라고 했다. 특이하게도 지민이
는 화가 날 때면 뭐가 되었든 손에 닿는 것을 꽉 움켜쥐고 드러눕는 버
릇이 있었다. 내 바짓가랑이나 헝겊 인형 같은 것은 그나마 괜찮지만
딱딱한 장난감이나 친구가 놀던 장난감을 뺏어 움켜쥘 때는 긴장도가
더 치솟았다. 우리는 그렇게 지지고 볶으며 일 년을 보냈고, 지민이는
여전히 또래보다는 발달이 늦은 상태로 나와 헤어졌다.

그로부터 사 년이 흐르고 나는 교직 생활 칠 년째를 맞는 중병아
리 교사가 되었다. 아이들이 공룡 놀이에 흠뻑 빠져 아기 공룡 둘리와
그의 친구들이 교실을 날고 기던 어느 날이었다.

승유 야! 너는 스테고라며! 이거 아니지! 야!

말도 잘하고 똑 부러진 승유가 버럭 화를 낸다. 친구에게 소리를
지르고 가르치듯 혼내는 모습이 무척 야무지다. 승유의 따발총 같은
성화에 동민이는 뭐라고 제대로 된 대꾸 한마디를 못 한 채 그만 울고
말았다. 승유와 동민이를 불러 화해시키고 승유에게는 예쁘게 말해야
한다고 타일렀다. 잠시 후, 티라노사우루스가 된 승유가 또다시 다른

유치원 아이들의 학급 자치 이야기

친구에게 화를 낸다.

> **승유**　야! 씨, 너는 초식공룡인데 왜 육식공룡처럼 하냐고!

이런, 승유의 자그만 입에서 나오는 쌍시옷 발음을 여과 없이 들어 버렸다. '예쁘게 말하라고 타이른 지 얼마나 지났다고 저렇게 화를 낼까?' 다시 승유를 불러 예쁘게 말하라고 당부했다. '아이들의 말투가 점점 험해지는걸.'

화가 났는데 예쁘게 말할 수 있는 아이는 뉘 집 아이예요?

수업나눔 동아리에서 선생님들에게 아이들의 험한 말투와 화를 내면서 욕 비슷한 단어를 거침없이 내뱉는 표현에 대해 걱정을 털어놓았다.

> **낭만샘**　많이 힘들었겠네요. 우리 반 중에도 그런 아이들이 몇 명 있어요. 사춘기에
> 접어든 형제가 있으면 험한 말을 하는 시기가 빠른 것 같아요. 아이에게는
> 뭐라고 했어요?
>
> **팩폭샘**　화나도 예쁘게 말하자고 했어요. 그 말을 하면서도 사실 좀 그렇다 싶었던

게, 어른인 나도 화가 나면 말이 예쁘게 안 나가는데 애들이 제어가 되겠
냐는 생각이 들었어요.

해피샘 동화책에는 좋은 예가 많이 나오지만, 그렇게 되기까지 현실에서는 시간이
좀 걸리죠.

물음표샘 현실에서 그런 애가 있으면 유치원에 데려와 모델링 좀 부탁하고 싶어
요. 험한 말을 하지 말라고 하니 대신 다른 걸 해요. 비꼬기, 염장 지르
기, 목청 크게 소리치기를 화가 풀릴 때까지 하더라고요.

꼬꼬무샘 욕을 안 하면서 욕을 하는 방법을 보긴 했어요. 몇 년 전에 한 프로그램
에서 자기가 가장 화가 났을 때 뭐라고 하는지 지나가는 시민들에게 직
접 시연해달라고 요청한 적이 있었는데, 젊은 남자가 '욕.'이라고 딱 한
마디를 하길래 한참 웃었어요. 욕이라고 말은 했지만 욕이라고 할 수 없
는 이상야릇한 장면이었어요. 하지만 욕을 욕으로 대체하는 신박한 방
법이지 않아요?

낭만샘 화를 삭이라고만 하면 오히려 억울하다고 느낄 것 같아요. 걱정 인형처럼
화를 대신 푸는 인형 같은 게 있으면 좋지 않을까요?

역시 밥 중의 최고 밥은 짬밥이다. 그래, 일단 감정을 표현할 대체
방법을 찾아야겠어! 화가 나는데 예쁘게 말할 아이가 어디 있다고 승
유한테 하나 마나 한 소리를 했을까? 차라리 먼저 화를 풀게 공이라도
차라고 할 것을.

유치원 아이들의 학급 자치 이야기

내게 맞는 화풀이 방법 선택하기

교사 유치원에서 친구나 선생님에게 화가 날 때는 어떻게 할까?

하율 복도에 나가서 잠깐만 있다가 올 거예요.

지아 책장 옆에 가서 있을 거예요.

선생님들의 조언을 바탕으로 감정 표현과 관련된 동화 몇 권을 찾아 아이들과 함께 읽었다. 나는 동화 속에 나온 아이 중 자기와 가장 비슷한 아이가 누구인지 찾아보라고 했다. '얘들아, 이왕 화난 거 차라리 어떻게 표현하고 싶은지 고르면서 표현의 자유라도 누려보자. 화도 현명하게 내보자고, 어때?' 아이들은 각자의 취향대로 화를 표현하는 방법을 생각했다. 처음에는 체면치레하듯 눈치를 보던 승유도 이내 신나서 이랬다저랬다 반복한다.

희진 그런데 선생님은 화가 나면 어떻게 할 거예요?

교사 선생님은 혼자서 음악을 크게 틀 거야.

정민 우리한테 화가 나면요?

교사 음…, 그 친구를 꼭 껴안아줄까?

지아 화났는데 왜 안아줘요? 근데 얼마나 세게 안을 거예요?

교사 아주 꽉 안아주련다. 하하.

그 순간, 내 머리에 지민이가 왜 떠올랐는지는 모르겠다. 이제까지 만난 아이 중 화를 내면서 나를 가장 애먹였던 아이라 그랬는지 아니면 화가 날 때마다 손에 뭔가를 꽉 쥐고 뒹굴어서 그랬는지. 한 가지 확실한 것은 내가 지민이에게 이런 기회를 준 적이 없다는 사실이다. 지민이의 움켜쥔 손은 화를 표현하는 또 다른 방법이었을까?

사람이라면 누구나 희로애락의 감정을 느끼고 그것을 표현한다. 전두엽이 아직 발달 중인 아이들은 감정조절이 서툴다. 하지만 사회 속에서 살아가기 위해서는 유아기부터 자신의 감정을 적절히 표현하는 방법 역시 배워야 한다. 나는 아이들이 화를 내거나 고집을 부리면 감정을 가라앉힐 때까지 시간을 주거나 다른 방법으로 기분을 표현하도록 지도해왔다. 아이가 느낀 감정의 원인을 충분히 이해하기보다는 적절한 감정 표현 방법들을 제시하고 그중에 선택해보도록 유도했던 것이다.

그런데 아이들과 자치를 해오는 과정에서 나의 시선이 달라지기 시작했다. 시간이 걸리더라도 아이들이 자신의 감정을 충분히 돌아보고 다른 친구에게 피해 주지 않은 선에서 각자 선택한 방법대로 감정을 해소할 시간을 주었다면 더 좋았을 거라는 생각을 하게 된 것이다.

'말을 제대로 할 줄 몰랐던 아이한테 말로 표현하라고 했으니…' 지금 생각하면 그때 난 지민이가 해낼 수 없는 것을 요구했다. 내가 했던 말을 지민이는 알아들을 수나 있었을까? 되돌릴 수 없는 시간이지만 지민이에게 미안한 마음이 든다.

유치원 아이들의 학급 자치 이야기

'우리 지민이, 잘 지내고 있겠지? 너에게 난 참 서툴렀던 선생님이었구나. 지금 알고 있는 것을 그때 알았더라면 좋았을걸. 아쉽고 미안하다. 너에게 못한 것은 동생들에게 해줘도 되겠지? 인연이 된다면 꼭 한번 보고 싶구나.'

어쩔티비? 2

유치원 아이들의 학급 자치 이야기

함께 놀고 싶은
친구 되기

수업이 끝나고 교무실에 들어오자마자 나보다 먼저 교무실에 와 있던 5세반 선생님이 기다렸다는 듯이 내 쪽으로 고개를 돌린다. 요즘 윤준이를 중심으로 또래 아이들 사이에 미묘한 일들이 벌어지고 있다며 고민이 많다고 했는데, 아마 오늘도 비슷한 일이 생긴 모양이다.

5세반 교사 오늘은 윤준이가 합기도 다니는 아이들만 한쪽으로 부르더니 자기가
선배라고 여러 번 강조하더라고요. 그러면서 가장 먼저 도장에 다녔던
사람이 선배니까 자기 말을 잘 들어야 한다는 거예요.

교사 다른 아이들 반응은요?

5세반 교사 그냥 알았다고 하거나 입을 내밀기는 했지만 별다르게 거부 반응을
보이지는 않았어요.

동료 교사의 근심 섞인 말을 들으면서 나는 8개월 전 윤준이를 처음 만났던 때로 기억을 거슬러 올라갔다. 4세 하반기에 입학하여 우리 반에 들어온 윤준이는 활발하고 무슨 일이든 앞장서는 성격이었다. 목소리가 크고 재미있는 놀이도 많이 알고 있어서 윤준이의 주변에는 항상 친구들이 끊이지 않았다. 운동장에서 축구를 할 때는 손흥민 선수처럼 빠르게 달렸고, 놀이터 구름다리를 팔로 매달려 건널 때는 원숭이처럼 능숙해서 신체활동을 할 때마다 윤준이는 다른 아이들의 부러움을 샀다.

이런 윤준이에게 놀이 친구로 선택을 받기 위해 아이들은 서로 쟁탈전을 벌였다. 그러다 보니 윤준이는 때때로 다른 아이들을 자기 뜻대로 움직이려고 하거나 다른 친구들의 눈치를 보지 않고 거침없이 행동하기도 했다.

지환 선생님, 윤준이가 제가 가지고 놀던 빨간 미니카를 자꾸 가져가서 숨겨요.

교사 윤준아, 친구에게 물어보고 가져간 거니?

윤준 잠깐 보고 준다고 했어요. 봐요. 여기 있잖아요.

교사 지환아, 윤준이가 잠깐 보고 돌려주려고 했었나 봐. 조금만 더 기다려볼 걸 그랬다. 윤준아, 친구가 싫어하는 행동은 하지 않는 것이 좋겠어.

| 잠시 후

은우 선생님, 윤준이가 자꾸 자기 맘대로 놀이 규칙을 바꿔요.

교사   놀이를 시작할 때 친구들이랑 다 같이 규칙을 만들고 시작하면 좋을 거 같
       은데. 그리고 놀다가 놀이 규칙을 바꾸게 되면 친구들에게 모두 동의를 구해
       야지.

윤준이는 입학한 지 한 달도 안 되어 우리 반의 평화로웠던 날들
을 모두 흩트려 놓았다. 처음에 나는 학기 중간에 입학한 윤준이가 우
리 반의 놀이약속을 알지 못해서 일어난 일이라고 열심히 윤준이를 대
변하며 반의 평화를 깨지 않으려고 노력했다. 하지만 하루 이틀 시간이
지나는 동안 아이들은 흘러가는 날의 숫자만큼 윤준이의 행동에 대한
불만을 토로했다. 금지된 놀이를 같이할 때는 서로 혈맹처럼 움직이다
가도 윤준이가 자기를 놀이에서 빼려고 하거나 불이익을 준다 싶을 때
는 즉시 제보해대는 통에 하루라도 조용할 날이 없었다. 함께 놀고 싶
었던 윤준이는 시간이 지날수록 우리 반의 트러블 메이커가 되어가고
있었다. 그러던 어느 날 지호 할아버지로부터 한 통의 전화를 받았다.

지호 할아버지   선생님, 애들이 다 그러면서 크겠지만 윤준이가 지호를 너무 힘들
              게 하는 거 같아서 지켜봐주시라고 전화했습니다.
교사   네, 할아버지. 지호가 윤준이를 제일 좋아하는 친구로 여기는데 가끔 의견이
       안 맞을 때는 서로 다투기도 해요. 요즘 윤준이와 친구들 간에 갈등이 자주
       일어나는 것 같아 주의 깊게 보는 중입니다. 제가 더 잘 살펴보고 연락드리겠
       습니다.

그동안 윤준이와 친구들 간에 곪고 곪았던 상처가 터지기 시작한 것 같다. 지호 할아버지의 전화 이후로도 윤준이가 어떤 아이인지 궁금해하는 학부모들의 전화를 받게 되었다. 윤준이와 아이들을 위해 티나지 않는 선에서 적극적인 개입이 필요했다. 나는 그간 윤준이를 관찰하며 차곡차곡 기록했던 관찰일지를 책상 위에 펼쳤다.

우리들의 일그러진 영웅, 윤준이

| 관찰 첫째 날: 너는 이쪽, 너는 저쪽, 나를 따르라!

윤준 시후는 이쪽, 지호는 저쪽에 서, 유빈이는 저쪽.

유빈 싫어. 나 시후 편에 있을 거야.

윤준 알았어. 그럼, 유빈이는 이쪽, 지수는 저쪽.

지수 왜 난 저쪽이야?

윤준 아, 됐어, 그냥 해. 자, 시작!

윤준이가 아이들에게 새로운 게임을 제시했다. 동그란 판 위를 뛰어넘는 게임인 모양인데, 친구들을 모아놓고 게임 방법을 설명하더니 팀을 나누고 놀이를 진행했다. 아이들은 팀 정하기에 약간 불만을 내비쳤지만, 윤준이가 제시한 놀이가 재미있게 보였는지 곧 윤준이 말대로 놀이를 이어갔다.

| 관찰 둘째 날: 내 말대로 해! 아니면 너랑 안 놀아!

윤준 레고 만들까? 오늘은 놀이동산 만들자.

성민 우주선 만들자. (넓은 판을 가리키며) 이것으로 날개도 만들고.

윤준 내 말대로 놀이동산 만들자.

성민 어제도 네 맘대로 놀았잖아.

윤준 (지호를 보며) 그럼, 우리 그냥 점토 놀이나 하러 가자.

성민이와 의견이 좁혀지지 않자 윤준이는 점토 놀이를 하고 싶다며 지호를 데리고 가버린다. 남겨진 성민이의 표정이 썩 좋지 않다.

| 관찰 셋째 날: 내가 시켜줄게, 기다려봐.

준우 같이 놀자.

윤준 우리 보드게임 할 거야. 기다려봐.

준우 나도 하고 싶어.

윤준 내가 시켜줄 테니까 조금만 기다려.

우리들의 일그러진 영웅, 윤준이는 우리 반의 엄석대였다. 사실 윤준이와 같은 아이들은 해마다 유치원에 한둘은 있는 유형이며, 윤준이의 행동도 자기주장이 몹시 강한 아이들에게 흔히 보이는 패턴이었다. 문제는 이런 성향이 너무 강하면 놀이할 친구들을 선별하고 그룹 짓는 과정에서 따돌림과 괴롭힘이 생긴다는 것이다.

독불장군을 1/N의 구성원으로 만들기

| 방법 찾기 1: 선생님의 자료 공유하기

윤준 얘들아, 오늘은 공룡 뛰어넘기를 할 거니까 하고 싶은 사람은 여기로 줄 서.

시호는 이쪽, 유진이는 저쪽에 서.

교사 와, 공룡 뛰어넘기 진짜 재밌겠다. 그런데 윤준아, 규칙 없이 네가 마음대로

줄을 서라고 하면 친구들 기분이 어떨까?

윤준 안 좋아요.

교사 그럼 어떻게 할까?

윤준 음···. (잠시 생각하더니) 가위바위보로 해요?

교사 진 사람과 이긴 사람으로 팀을 나눌 거야?

하영 나는 가위바위보 잘 못해. 다른 거로 하자.

교사 선생님이 가지고 있는 친구 이름 뽑기 빌려줄까?

독불장군처럼 이쪽저쪽 편을 나누던 윤준이는 내가 뽑기 자료를 빌려주자 마치 선생님이 된 것처럼 의기양양한 얼굴로 신나게 게임을 진행했다. 윤준이가 마음대로 세운 줄이 마음에 안 들었던 아이들은 우리가 정했던 방식으로 다시 줄을 서게 되자 훨씬 편안한 얼굴이 되었다. 윤준이에게 좌우되지 않고 평소 하던 대로 편을 나누고 기분 좋은 상태로 놀이를 시작할 수 있는 분위기를 조성한 것이다. 그 이후로 다른 아이들도 자기가 주도하는 놀이를 할 때는 내게 자료를 빌려달라

고 요청했다. 자료의 공유를 통해 룰의 공정성이 하나 확보된 셈이었다.

| 방법 찾기 2: 돌아가며 놀이이끔이 하기

수찬 아싸, 오늘은 내 놀이가 당첨이다. 오늘 개구리 사탕 먹기는….

윤준 아니야, 오늘은 자동차 경주해.

교사 윤준아, 오늘 놀이이끔이가 누구야?

윤준 아, 맞다. 수찬이요.

윤준이와 노는 것은 재미있지만, 강요당하는 것이 거북한 아이들을 편하게 하고 윤준이도 질서와 규칙에 대해 상기하도록 놀이이끔이를 정하기로 했다. 매일 첫 놀이를 시작할 때 함께 놀고 싶은 아이들이 모여 각자 놀이를 제안하고 투표한다. 투표를 통해 놀이가 결정되면 같이 놀고 싶은 친구는 남고 놀이 제안자가 이끔이가 된다. 만약 다른 놀이를 하고 싶다면 각자의 선택대로 놀면 된다.

한 번 놀이이끔이가 된 경험이 있는 친구는 연달아 다음 놀이이끔이가 될 수 없고 투표만 할 수 있다. 놀이 구성원은 수시로 바뀌기 때문에 모두에게 놀이를 열어두되, 이끔이는 놀이를 결정할 당시 모여 있는 아이들이 그날 놀이에서 이끔이를 했는지 안 했는지만 놓고 판단한다. 만약 모든 아이가 놀이이끔이를 한 후라면 다시 이끔이가 될 수 있다.

'됐다, 내가 참여하지 않더라도 아이들끼리 돌아가며 놀이할 수 있겠구나.'

놀이이끔이는 효과적이었다. 일과를 마치고 인사하는 시간, 아이들과 함께 모여 그날 놀이에 대해 피드백을 하는데 수찬이가 윤준이를 칭찬했다.

수찬 오늘은 내가 놀이를 정했는데, 윤준이가 내 말대로 해줬어요. 그리고 재미있게 해줘서 기분이 좋았어요. 내일도 윤준이랑 준우랑 같이 놀래요.

듣고 있는 윤준이의 얼굴에 환한 웃음꽃이 피었다. 친구에게 칭찬을 받아 기분이 아주 좋은 모양이었다.

| 방법 찾기 3: 선생님 참여로 놀이 주도권 분산하기

윤준 오늘은 내가 이끔이지? 칠판에 공맞추기 할 사람 더 있냐?

아이들 나, 나도, 나도 할 거야.

민우 (잠시 후) 나도 하고 싶은데….

윤준 지금은 안 돼, 복잡하니까 지금 있는 친구들 다 끝나면 그때 내가 시켜줄게. 넌 이따가 와.

민우 선생님, 나도 하고 싶은데 윤준이가 나는 안 된대요.

교사 (음, 윤준이가 또 마음대로 하네.) 선생님이랑 볼링치기 할 사람?

아이들 저요. 저요.

윤준 저도 할 거예요.

교사 친구들이 너무 많아서 복잡한데 어떻게 할까?

윤준 이쪽을 줄 서는 곳으로 정해요.

교사 윤준이가 힘들게 이거 해라, 저거 해라 정해주지 않아도 친구들이 스스로 다 같이 할 수 있겠네. 윤준이가 알려준 방법 최고인데.

윤준이는 간혹 놀이이끔이가 되었을 때 여전히 자기 뜻대로만 하려는 경우가 있었다. 그럴 때면 다른 아이들은 윤준이 마음에 따라 놀이 참여 여부가 결정되었다. 이러니 아이들의 불만이 아예 잠잠해질 수는 없었다. 나는 아이들이 노는 것을 지켜보다가 윤준이의 행동이 도를 넘을 때는 교실 한쪽에서 다른 놀이를 제안했다. 그러면 아이들의 놀이가 자연스럽게 분산되면서 윤준이도 마음껏 휘두르던 주도권을 내려놓았다.

윤준이와 관련된 짧지 않은 상념을 끝내고 5세반 선생님의 얼굴을 보았다. '힘들어하시는 선생님께 힌트를 좀 드려도 되겠지?' 나는 선생님 쪽으로 의자를 바짝 붙여 앉았다.

교사 선생님, 윤준이에게 이렇게 말해볼래요?

5세반 교사 뭐 좋은 생각 있으세요?

교사 '윤준아, 넌 이 유치원에서 다른 친구들보다 늦게 입학한 후배인데 그건 어떻게 생각해?'라고요.

5세반 교사 어! 괜찮은데요.

교사 (선생님, 이 고비를 넘기면 즐거운 기억을 많이 갖게 되실 거예요. 건투를 빌어요.)

  자발적인 놀이는 아이들이 능동적으로 참여하고 선택하며 그 가운데 갈등을 조절하는 행위가 포함되어야 한다. 자치는 이와 함께 자연스럽게 행해진다. 그러나 아이들에게만 맡겨놓을 수 없는 경우가 분명히 있다. 윤준이는 장점이 많았지만 그대로 두면 독불장군으로 반의 트러블 메이커가 될 수 있었다. 윤준이와 지내는 동안 나는 아이들 간의 균형 맞추기가 얼마나 중요한지 새삼 깨닫게 되었다. 아이들이 서로 대화와 타협을 통해 조절해가지 못할 상황에는 교사가 시기를 놓치지 않고 적절히 개입해야 한다.

똥우를 승우로
되돌리기

따스한 햇살이 비추는 교실, 창밖으로 보이는 포근포근한 아침 풍경과 어울리지 않는 살벌한 장면이 펼쳐졌다. 마주 선 아이들의 눈에서는 스타워즈의 광선검처럼 시린 빛이 뿜어져 나왔다. '오늘 아침도 참 대차게 시작하는구나.'

민규 얘가 먼저 '야!'라고 했어요.

도예 너는 나 도화지라고 놀렸잖아!

승우 친구들이 나를 '똥우'라고 놀렸어요.

승민 나는 승민인데 자꾸 민승이라고 해요.

입학 이후 상호 탐색전을 끝내고 친해진 아이들이 친구의 이름을 유희화하여 부르는 것 때문에 매일 말싸움이 났다. 성격이 쿨한 것인지, 자기애가 강해서인지 모르겠으나 반년 가까이 친구 이름을 못 외우고 '야', '너'라고 상대방을 부르는 아이가 있긴 하다. 하지만 대다수는 알면서도 약 올리듯 친구의 이름으로 장난치는 경우다. 이름 앞뒤 글자를 바꿔 부르기, 이름 앞 글자를 '똥'으로 대치하기, 이름과 외모를 결합해서 부르기 등 버전도 다양하다.

놀리는 버전이 다양한 만큼 대처 방법도 물론 다양하다. '눈에는 눈, 이에는 이'라는 만고불변의 진리를 즉각 실천하기, 인심 좋게 두 배로 푸짐하게 되돌려주기, 놀리는 아이 앞에 주저앉아서 큰 소리로 울기, 선생님에게 친구의 소행을 자세히 일러바치기 등이다. 한두 번이면 모를까 아이들의 사소한 대치 상황이 일주일을 넘어가면 교무실 책상 위에 놓인 전화기나 주머니 속의 핸드폰이 요란하게 신호를 줄 것이다. 학부모 상담을 곧 준비해야 할지도 모른다고.

교사 친구가 내 이름을 바르게 불러주지 않아 속상한 친구가 많네요. 그런데 왜 멋진 이름 대신 그렇게 부를까요?

나는 아이들의 허를 찔러보기로 했다. 대개 교사가 이렇게 질문을 하면 아이들은 본능적으로 대답을 잘해야 한다는 걸 직감하고 세상 얌전해지면서 회고의 시간을 갖기 마련이다. 하지만 늘 예외는 있는 법.

민규 재미있잖아요, TV와 유튜브에서 봤는데 다 웃더라고요.

교사 (머리에 힘줄이 '빠직' 서는 것을 느낀다. '그렇지, 그놈의 매체가 늘 문제지.')

내가 만든 별명으로 불리는 즐거움

교실 가운데로 아이들을 불러 모여 앉게 했다.

교사 방금 몇 명의 친구들이 이름 부르는 것 때문에 말다툼한 거 봤지요? 혹시 다른 친구들도 이런 경험이 있나요?

내 말이 끝나기 무섭게 여기저기서 이름 때문에 억울하고 속상했던 이야기가 봇물 터지듯 쏟아져 나왔다.

송희 민희가 한송희라고 안 부르고 자꾸 송희라고만 불러요. 내 이름은 한송희란 말이에요.

민희 그니까 송희가 맞잖아. 한송희도 되고 송희도 된다고.

송희 아냐, 한송희라고 불러야지. 그리고 지한이도 나 한송희라고 안 하고 송이라고 해요.

성을 붙이지 않아서, 친구가 발음을 제대로 안 해서 불만이라는 민원까지 이름을 둘러싼 별의별 민원이 터졌다. 종합해보니 반의 절반 이상의 아이들이 서로 이름 부르는 것에 대해 불만이 있었다.

앉은 자리 그대로 학급 회의가 시작되었다. 각자의 불만을 충분히 말했으니 이즈음에 적절한 예를 하나 들어주는 게 좋을 것 같아 이름 부르기와 관련된 동화책을 읽어주었다. 책에는 이름의 의미와 이름 부르는 행위의 의미를 생각해볼 수 있는 내용이 담겨 있었다.

교사　그런데 언제 친구 이름을 장난으로 부르고 싶어?

아이들　그냥 같이 놀고 싶을 때요. 재미있으라고 그냥 불렀는데. 다른 친구들이 장난치니까 나도 따라 했어요.

민규　일부러 화나라고 그런 건 아닌데 친구가 화를 냈어요.

승민　근데 나는 화가 났다고.

놀려야겠다는 목표를 가지고 악의적으로 친구 이름을 바꿔 부르는 아이가 몇이나 되겠는가? 그저 친구와 친해지고 싶었거나 그것도 아니면 순간의 짓궂음 때문에 벌어진 상황이지만, 산전수전 다 겪은 어르신들이 "크면 다 좋아져."라고 말씀하시듯 느긋하게 대처할 일은 아니었다. 한 살 아래 동생이 나한테 반말을 한다고 열을 내는 순수한 아이들이다. 나이가 아직 한 자리 숫자인 아이들에게도 위계질서와 예의에 어긋나는 일은 절교를 선언할 수도 있을 만큼 중대사임을 명심해야 한다.

교사 우리 반 친구들 이름을 알아볼까? 자기 이름을 누가 지어줬는지, 무슨 뜻인지 친구들에게 소개해줄 친구?

승우 내 이름은 할아버지가 지어줬어요. 형이 승민이고 누나는 승희인데 같은 승자예요.

승민 와~, 승우 형 이름이 내 이름하고 똑같다. 하하하.

하은 내 이름은 하나님의 은혜라는 뜻이에요.

나는 아이들의 이름에 얽힌 사연들을 들으며 이야기 속에서 수집한 정보들을 수첩에 메모했다. 학부모 상담이나 아이들 생활지도에 도움이 될 수 있는 것들이 차곡차곡 쌓여갔다. 이런 게 바로 도랑 치고 가재 잡는 일!

교사 듣고 보니 다 소중한 이름들인데, 내 이름을 놀리듯 부르면 기분이 어떨까? 놀리는 친구에게 어떻게 말해야 할까? 놀린 친구는 어떻게 해야 할까?

나는 아이들과 자신의 잘못과 실수를 인정하고 사과할 수 있는 용기와 부당하거나 싫은 것에 스스로 대처할 수 있는 소통의 방법을 이야기했다. 한참을 머뭇거리던 아이들은 서로를 향해 미안하다며 사과했다. 우리 반에서는 "미안해."라는 친구의 사과에 자동반사적으로 "괜찮아."라고 대답하는 것은 사과와 화해로 인정하지 않는다. 나는 아이들에게 무엇이 미안한지, 앞으로 어떻게 할 것인지를 구체적으로 이야기하며 사과하도록 한다. 사과를 받는 아이는 상대의 말과 행동 때문에 내 기분이 어땠는지 알리고 또 이런 일이 발생하지 않도록 친구에게 당부하는 말을 하게 한다. 그렇다고 아이들의 장난이 하루아침에 사라지는 것은 아니다. 놀리기 전에 한 번쯤 친구의 마음을 생각해보면서 점차 횟수가 줄어들기를 바랄 뿐이다.

대체할 거리를 만들어놓아야 놀림이 즐거움으로 치환될 것이기에 나는 아이들과 이름을 이용하여 할 수 있는 놀이를 이야기했다. 이름 보물찾기, 이름 런닝맨, 명함 놀이 등 이름을 주제로 놀리거나 기분 상하지 않고 할 수 있는 놀이가 많이 있었다. 아이들은 이름 런닝맨과 명함 놀이가 재미있겠다며 다음 날 함께할 놀이로 정했다.

교사 선생님이 내일 책꽂이 옆에 명함을 만들 수 있는 종이를 둘게. 내가 불리고 싶은 이름을 명함으로 만들어 친구들에게 나눠주면 돼. 명함을 받은 친구는 꼭 그렇게 불러주기, 어때요?

아이들 좋아요.

교사 승우는 명함에 뭐라고 쓰고 싶어요?

승우 난 뚱우 싫어요. 그냥 승우라고 쓸 거예요.

다음 날부터 뚱우는 다시 승우로 불리게 되었고, '반짝반짝 새아', '엘사 진아', '헬로카봇 승민'같이 새로운 별명으로 불리는 아이들도 생겨났다. 잊을만하면 "선생님, 친구가 내 이름으로 놀렸어요."라는 말이

한 번씩 들리기도 한다. 문득 김춘수 시인의 '꽃'이 생각났다. '얘들아, 너희가 먼 훗날 이 시를 읽으며 이름으로 울고불고 난리 치던 유년 시절의 어느 날을 기억하기는 할까?'

어쩔티비? 3

유치원 아이들의 학급 자치 이야기

바른 자세
정의 내리기

이야기 시간, 교실 이야기자리에 옹기종기 모여 앉은 아이들.

기찬 야, 다리 치워. 선생님, 선우가 발로 차요.

선우 내가 언제? 난 그냥 앉아 있었어.

기찬 네가 지금 발로 나 찼잖아. 저리 가!

선우 싫어. 난 이게 좋아.

수진 선우야. 얼른 아빠 다리 해.

얼마 전에 다른 아이의 다리에 걸려 교실 바닥에 넘어졌던 기찬
이는 무릎을 크게 찧은 후 다리를 뻗고 앉은 아이들에게 예민하게 굴
었다. 유치원에서 바닥에 앉아 생활하는 세 살 아이들은 이야기자리에

앉을 때 대부분 다리를 쭉 펴고 앉는다. 다리를 구부리고 앉으라고 여러 번 이야기해도 그때뿐, 잠시 오므렸던 다리는 슬그머니 펴진다. 누군가 친구의 쭉 뻗은 다리를 못 보고 걸려 넘어지는 날은 정말 운수가 좋아야 한다. 운이 없으면 멍이 들거나 심한 경우 살갗이 찢어지는 사고가 날 수도 있기 때문이다.

때로는 아이들을 보며 '그래, 엄마 뱃속에서 열 달을 웅크렸으니 이제는 온몸을 쭉 펴고 싶을 때다.'라고 이해되기도 한다. 통통한데 아직 짧기까지 한 다리를 겹치는 것이 아이들에게 쉽지 않다는 것은 알지만 그래도 마냥 편하게 늘어져 있는 것이 왠지 마음에 걸렸다. 집중력이 짧은 아이들이 자세까지 방만하면 내 말을 제대로 듣지 않을 것은 당연하고 안전사고가 발생할까 염려되었기 때문이다.

교사 바른 자세로 앉아볼까? 오늘은 누가 제일 바른 자세로 멋지게 앉아 있는지 보고 집에 갈 때 작은 선물 줘야겠다.

시하 선생님, 나 벌써 바르게 앉았다요.

은교 저도요. 바르게 앉았어요.

교사 (역시 당근이 필요하군.)

아이들은 후다닥 자리를 정돈하고 허리를 꼿꼿이 편 상태로 다리를 꼬았다. 조그만 아이들이 대견스러워서 얼른 나도 의자에서 내려와 바닥에 앉아 아빠 다리를 했다.

유치원 아이들의 학급 자치 이야기

평소 요통을 앓고 있는 나는 삼 분도 지나지 않아 자세가 흐트러지기 시작했다. 민망했다. 어른인 나도 한 자세로 고정해서 앉는 게 힘든데 그간 아이들에게 바른 자세를 강요한 것 같아 미안한 마음도 들었다. 다리를 펴고 앉고 싶다는 선우의 말은 그만한 이유가 있는 것일지도 모른다.

교사 얘들아, 계속 이렇게 앉으니 힘들지 않아?

아이들 힘들어요, 그만할래요.

교사 그럼 어떤 자세로 앉고 싶어?

찬혁 (다리를 펴고 앉으며) 난 이렇게 앉는 게 좋아요.

은수 (아빠 다리로 앉으며) 난 아빠 다리가 좋아요.

정우 아빠 다리는 힘들어.

다리를 펴고 앉자, 아빠 다리로 앉자, 허벅지는 붙이고 종아리는 옆으로 벌리자 등 각자 평소에 자주 취하는 자세를 말하는 아이들의 목소리가 점점 커졌다. 세 살 아이들의 똥고집을 경험해본 사람이라면 이들의 패기 어린 주장이 하루 이상 계속될 수도 있다는 것을 잘 알 것이다. 우리 반이 딱 그 세 살이다. 시간이 지나도 타협점이 보이지 않자, 우리는 맨땅에 헤딩하기로 했다. 이야기자리 자세 찾기 체험 삶의 현장 시~작.

먼저 아빠 다리를 했다. 잠시 후 여러 볼멘소리가 터져나왔다.

교빈　선생님, 힘들어요. 다리 펴고 싶어요.

수찬　다리 아파요.

시하　난 괜찮은데…. 뭐가 힘들어?

은교　난 다리 하나도 안 아파. 근데 선생님, 진용이는 아빠 다리 못해요.

이번에는 모두 다리를 펴기로 했다. 그런데 이 자세도 만족스럽지 못했다.

서진　선생님, 소현이가 저 발로 차요.

소현　아니야. 나 자리가 좁아서 그래.

서진　야, 다리 저리 치워.

소현　그러면 나는 다리 펴지 말라고?

서진　옆으로 가면 되잖아.

모두 다리를 펴고 앉으니 친구의 발이 자기 몸에 닿는다며 상대방의 발을 때리거나 피하는 등 야단법석이었다. 물론 당연하게 이 외의 몇 가지 자세도 만족스러운 것은 없었다.

교사　모두가 만족하는 자세는 없는데, 어떻게 하지?

은교　내 마음대로 앉아요. 아빠 다리 하고 싶은 친구는 하고, 다리 펴고 싶은 친구는 펴고….

교사 그런데 내 자세 때문에 친구가 싫어하거나 다치면 안 되는데 어떻게 하면 좋을까?

민아 내 다리가 친구 몸에 안 닿게 펴면 돼요.

서현 놀 때는 다리 뻗지 말고 모두 다 같이 앉을 때는 맘대로 앉아요.

우리 반의 이야기자리에서 바른 자세로 앉는 약속은 이렇듯 몸을 요리조리 꼬아보는 체험을 통해 정해졌다.

| **새싹반이 정한 이야기자리 자세**
친구를 불편하게 하지 않고 자유롭게 편한 자세로 앉아요.

바른 자세가 뭐지?

수업나눔 동아리에서 아이들과의 일을 이야기했다. 한참 듣고 있던 꼬꼬무샘이 갑자기 이런 질문을 했다.

꼬꼬무샘 그런데, 왜 책상다리가 아빠 다리지? 보통 여자들도 그런 자세로 잘 앉아 있잖아요. 그런데 왜 아빠 다리라고 표현할까요?

물음표샘 다른 선생님들도 다 아빠 다리라는 말 쓰지 않아요? 그러고 보니 그 표현에 익숙해져서 거기까지는 생각해본 적이 없네요.

꼬꼬무샘 몇 년 전까지 나도 그 단어를 썼는데, 문득 왜 이게 아빠 다리일까라는 의문이 드는 거예요. 그래서 아이들과 이야기하고 선생님 다리라고 바꿨어요.

낭만샘 바른 자세가 대체 뭘까요? 의자에 앉을 때와 바닥에 앉을 때, 서 있을 때와 급식 먹을 때마다 바른 자세의 정의는 다 달라지지 않을까요?

팩폭샘 흔히 각 잡고 앉은 자세를 바른 자세라고 하는데 어른도 사실 그렇게 버티기는 힘들지 않아요? 저는 자세에 신경 쓰면 아무리 좋은 강의도 귀에 안 들어오던데요.

해피샘 그래서 우리 반은 진즉 각자 편한 자세로 앉아 있어요. 바른 자세를 자꾸 말하면 아이들이 힘들어하더라고요. 몸이 편해야 마음도 즐겁지 않을까 싶네요.

집단 지성은 이래서 좋다. 선생님들과 이야기하면서 동료 교사와의 소통이 얼마나 중요한지 또 한 번 체험했다. 세 사람이 길을 가면 그 안에 내 스승이 있다고 하는 말은 불변의 진리다.

며칠 후, 이야기자리에 앉은 아이들은 비장한 눈빛과 함께 모두가 허리를 꼿꼿하게 펴고 책상다리 자세로 앉아 있었다.

교사 (오늘따라 아이들의 모습이 낯설다, 낯설어.) 얘들아, 너희들 왜 이렇게 앉아 있어?

서연 선생님, 특성화 선생님이 바른 자세는 이렇게 해야 한다고 했어요.

유치원 아이들의 학급 자치 이야기

민찬 허리를 이렇게 꼿꼿하게 펴고 앉으래요.

수경 아~, 다리 아파. 힘들어요.

아이들 나도 아파. 힘들어.

갑자기 힘들다는 수경이 말에 아이들은 "너도 아파? 나도 아파." 하며 서로 하소연하기 시작했다. '내가 특성화 선생님은 생각하지 못했네. 그러고 보니 앞으로 다가올 공개수업도 걱정이 되긴 한다. 공개수업 전에 미리 가정에 우리 아이들의 앉는 자세에 대해 안내하겠지만 과연 부모님들이 편하게 앉아 있는 아이들의 모습을 이해해주실까? 아이들의 앉는 모습을 보고 기본생활습관 지도도 안 하는 교사로 여기지는 않을까?' 찰나의 순간이지만 나의 머릿속은 여러 가지 생각들로 뒤죽박죽이 되어버렸다.

수영 선생님, 그냥 우리가 앉고 싶은 대로 앉으면 안 돼요?

교사 선생님 시간에는 너희들이 원하는 자세로 앉으면 되는데 그럼 다른 선생님 시간에는 어쩌지? 특성화 선생님 외에도 찾아오는 체험에 오시는 선생님들도 많으신데.

민진 선생님이 말해줘요.

교사 그래? 그럼 뭐라고 말해줄까?

경우 우리 반은 마음대로 앉는다고요.

교사 그럼 우리 반 이야기자리 약속을 써서 붙일까?

나는 문 앞에 우리 반 이야기자리 약속을 적어 붙였다. 그날 이후 특성화 선생님들은 우리 반 아이들에게 더는 허리를 꼿꼿하게 세우고 책상다리를 하는 자세를 강요하지 않았다. 세 살 버릇 여든까지 간다는 말이 있듯이 유아기에 형성된 기본생활습관이 평생에 영향을 미치게 된다. 그러다 보니 교사들은 생활 속에서 꾸준히 인사하기, 정리 정돈하기, 줄 서기, 손 씻기, 바른 자세로 앉기 등 아이들의 기본생활습관이 형성되도록 신경을 많이 쓴다.

나도 그동안 아이들의 신체 발달 특성을 고려하지 않고 그저 내 생각대로 아이들에게 바닥에 앉을 때는 책상다리를 꼭 해야 한다고 강조했었다. 또한 아빠 다리라는 성평등에 부합하지 않는 명칭도 아무렇지 않게 사용해왔다. 따지고 보면 바른 자세는 상황에 따라, 문화에 따라, 아이들의 신체적 조건에 따라 달라질 수 있는 것이다. 급식실에서의 바른 자세와 이야기자리의 바른 자세가 같은 자세일 수는 없다. 우리 반 이야기자리 약속을 정하는 동안 나는 바른 자세의 정의에 대해서도 함께 생활하는 아이들과 이야기해야 할 필요를 느꼈다. 초등학교 학생들이 자치 활동을 통해 생활규칙을 함께 정하는 것처럼 우리도 우리 반만의 생활규칙을 만들어봐야겠다.

유치원 아이들의 학급 자치 이야기

줄 서지
않을 권리

'장군님, 이 자랑스러운 충무공의 후예들이 보이시나요? 요즘 제 목소리가 장군님을 닮아가고 있어요.'

급식실로 향하던 걸음을 멈춰 선 채, 얼마 전 아들 녀석과 함께 다녀온 우수영 전시실을 떠올렸다. 급식실 가는 이순신 장군, 그게 바로 나였다. 운동장 절반도 못 왔는데 내 양옆으로 학의 날개가 펼쳐진 듯 줄이 늘어져 있었다. 이순신 장군이 자주 구사하셨다는 학익진. 불과 며칠 전에 전시실 영상을 보며 감탄했었던 나는 지금은 비슷한 장면을 보며 작게 한탄하는 중이다. 한쪽 날개가 운동장 한가운데까지 펼쳐진 데다 심지어 양 끝의 아이들은 나보다 열 걸음쯤 더 앞에 나가 있었다. 뱃속 깊숙한 곳부터 끌어져 나온 이순신 장군과 같은 호령 소리가 운동장으로 울려 퍼졌다.

교사   애들아, 스톱! 그대로 멈춰라. 자기가 어디에 서 있는지 볼까? 재민이가 제일

뒤에 있었는데, 지금은 맨 앞으로 나와 있네.

수미   선생님, 재민이가 옆으로 와버렸어요. 내 뒤에 있어야 하는데.

재민   (슬금슬금 뒤로 가면서) 아니야.

교사   다시 자기 자리로 가볼까? 선생님이 기다릴 테니 다시 서보자.

이미 운동장 중점을 지나 급식실에 제일 가까운 곳까지 가 있었던
재민이는 뒷걸음으로 제자리를 찾아갔다. 우리는 유치원 현관을 나설
때와 같이 두 줄로 선 후 다시 출발했다. '또 스무 걸음 가면 다시 줄을
서야겠구나. 사월 중순쯤 되면 아이들이 줄 서는 게 좀 나아지겠지?'

예상했던 사월 중순이 되자 확실히 줄을 유지하는 시간이 길어졌
고, 모양도 양호해졌다. 세 살 아이들이라 형님들보다 느렸지만 매일 누
구 뒤에는 누구, 누구 옆에는 누구와 같은 식으로 자리를 익히니 빠르
게 나아졌다. 그러나 늘 예외는 있는 법. 재민이는 여전히 가끔 줄을 벗
어났다. 두 줄로 서서 짝꿍 손을 잡고 있을 때도 그랬다. 어떨 때는 짝
꿍까지 데리고 앞 친구들을 가로질러 나왔다.

교사   재민아, 왜 자꾸 앞으로 나와? 재민이 자리가 어디였어?

재민   수희 뒤요.

교사   그런데 지금은 수희보다 앞이네. 왜 이렇게 됐을까?

진영   선생님, 내가 재민이 손을 잡아당겨도 재민이가 자꾸 앞으로 가요.

유치원 아이들의 학급 자치 이야기

수희 재민이는 맨날 새치기해요.

재민이는 교실에서도 안전사고를 자주 일으켰다. 타고난 성격이 급하기도 했고, 목표지향형이라 뭔가에 꽂히면 그것만 바라보고 직진하는 통에 교구장이 앞에 있어도 거침없이 돌진했다. 교구장과 같이 넘어질 뻔한 것을 잡아챘던 날은 등에 진땀이 배었다. 그것만이 아니었다. 앞만 보고 가느라 바닥에서 놀고 있는 친구들의 장난감을 발로 찬 적도 있고, 특성화 활동 시간에 자기 차례가 아닌데도 나와서 강사에게 주의를 듣기 일쑤였다. 당연히 재민이에 대한 아이들의 민원은 차고 넘쳤다.

재민이는 뭐가 됐든 크고 눈에 띄는 것에 마음을 뺏겼다. 그래서인지 어딜 가든 제일 큰 나를 향해 직진할 때가 많았다. 추월을 자주 한다면 추월하지 못하게 만들어야지. 나는 재민이를 가장 앞에 세워서 더는 추월할 수 없는 환경을 마련해주었다. "좋아, 진격의 재민이가 앞에 서!"

직진 재민이가 앞에 오면서 함께 서게 된 짝꿍은 우리 반에서 나의 손이 가장 많이 가는 아이였다. 대개 교사들은 주의를 기울여야 하는 아이를 자기 주변에 바짝 붙여 배치한다. 재민이의 자리를 바꿀 때 순간 망설였지만 내가 중간에 서서 한 손씩 잡으면 되니 문제없다고 생각한 것이 패착이었다. 내가 뒤에서 넘어진 아이를 일으켜주기라도 하면, 진격의 재민이와 짝꿍은 두 손을 꼭 잡고 더 가열차게 앞으로 나갔다.

맨 앞에 있는 아이들이 신이 나서 나가니 뒤에 있는 아이들도 물

만난 고기가 되는 게 당연했다. 얼마나 신바람이 나겠는가? 앞에서 달리면 뒤에서는 질세라 더 달리는 법이다. 규정 속도를 준수하던 두 줄 기차는 삽시간에 폭주 기관차로 변신했다가 뒤에서 내가 "스톱!"을 외치면 달리기 능력 순서대로 줄이 뒤죽박죽 섞인 설국열차가 되어 정차한다.

교사 재민아, 선생님이 뒤에서 친구들을 보고 있을 때는 그 자리에 서 있어야지. 네가 앞에서 달리면 뒤 친구들은 어떻겠어? 그 친구들도 달리고 싶겠지? 그러다 넘어지면 어떻게 될까?

이런 이야기를 할 때마다 재민이는 꾸중을 듣는 얼굴이 되었다. '그래, 너도 뛰고 싶겠지, 이해는 한다. 게다가 네 짝꿍도 에너지 넘치는 아이니 같이 달리면 얼마나 즐겁겠어.'

며칠 후 장애인의 날이 되었다. 교육과정 마무리 시간에 특수반 교사가 들려주었던 장애인권 교육 내용을 회상하는 중이었다.

교사 오늘 강당에서 뭐 했었지?

민아 나리반 선생님이 나리반 친구들하고 같이 잘 놀아야 한다고 했어요.

교사 선생님께서 나리반 친구들의 권리에 대해 말씀해주셨지?

민희 권리가 뭐예요?

교사 좀 어려운 말이지? 권리는 내가 당연히 해도 되는 것, 내가 하는 것을 다른 사람이 못하게 하면 안 되는 것 그런 거야. 음, 우리가 유치원에서 하는 것 중

권리가 되는 게 뭘까?

영재   노는 거?

교사   그래, 놀이하는 건 너희들 권리지. 또?

밥 먹기, 잡기 놀이하기, 달리기, 화장실 가기, 간식 먹기 등 아이들이 내놓은 답은 다양했다. 나는 내친김에 좀 더 나가보기로 했다. 이 기회에 내가 모르는 사이 아이들 간에 벌어지는 강요나 무리한 상황이 없는지 들어볼 수 있을 것 같았다.

교사   혹시 너희들이 안 하고 싶은데 어쩔 수 없이 해야 하는 게 있니?

아이들이 기다렸다는 듯이 장난스럽게 이말 저말 쏟아놓았다. 나는 정리할 겸 화이트보드에 아이들이 하는 말을 적어나갔다. 정리 정돈, 야채 먹기, 줄 서기, 노래 부르기, 가방 정리 심지어 집에 가기까지 별의별 단어가 다 나왔다.

오후에 교무실로 돌아와 그날 찍은 사진을 정리하다 칠판 사진이 눈에 들어왔다. 아이들이 말한 것들은 대개 내가 주도권을 행사하는 것들이었다. 놀고 싶어서 집에 가기 싫은 것까지는 어찌해줄 수 없지만, 특히 줄 서기는 마음에 걸렸다. 재민이 얼굴이 떠오르기도 했고, 이 문제는 조만간 어떤 형태로든 방법을 바꿔봐야겠다고 생각하고 있었기 때문이다.

줄 서기에 대한 자유 연상

　나는 신학기에 학급을 맡으면 당연하다는 듯 아이들의 키 순서대로 짝을 지워주곤 했다. 급식실에 가거나 강당으로 이동할 때, 현장체험학습을 갈 때 등을 대비해 아이들 수를 빠르고 정확하게 파악하기 위해서다. 이렇게 정해진 줄은 한동안 유지되다가 한 달쯤 지나면서부터 아이들의 의견을 물어 순서와 짝을 바꾸기는 했지만 줄을 서는 것 자체를 없애야겠다고 생각해본 적은 없었다. 나의 학급 운영에 줄이란 당연히 서야 하는 의무이고 없어서는 안 될 수단이었다.

　어른들도 줄을 선다. 화장실에서, 공공장소에서, 매표소 앞에서 하루에도 몇 번씩 줄을 서서 차례를 기다린다. 늘어선 줄을 가르고 들어오는 사람들에게는 당연히 뭇사람들의 매서운 눈초리와 지적이 날아온다. 이렇듯 줄은 집단생활에서 지켜야 할 에티켓이자 준법과 무법, 이성과 비이성, 정상과 비정상을 구분 짓는 경계이기도 하다. 줄에는 일종의 규칙이 있다. 대개 앞쪽이 뒤쪽에 비해 등급이나 질이 더 좋다고 여긴다. 줄을 설 때면 자리다툼이 생기는 이유가 그 때문이다. 줄은 암묵적인 서열이기도 하다. 이처럼 사회적 동물인 인간에게 줄은 권리보다는 의무인 경우가 많다.

　아이들 사진을 보면서 나는 우리 반 아이들이 줄 서는 경우를 세어보았다. 급식실 갈 때, 화장실 갈 때, 강당 올라갈 때, 알림장 받을 때, 바깥놀이 나갈 때…. 줄을 서는 때도 많지만 줄을 서는 방법도 다양했다. 반장이 앞에 설 때, 모둠장이 앞에 설 때, 여자가 앞에 설 때, 남자가 앞에 설 때, 체육 특성화 시간에 순서대로 설 때, 오는 순서대로 설 때…. 이렇게 여러 번 줄을 서지만 아이들이 스스로 선 줄은 없었다. 아이들은 내 입에서 나온 규칙을 따르는 수동적인 존재였고 경직된 룰에 적응해야 했던 것이다. '헐, 애들 얼굴 보기가 민망하네.'

의무만큼 권리도 보장하기

다음 날 오전, 인사를 하자마자 줄 서는 것에 대해 이야기했다.

교사 어제 너희들이 안 하고 싶다고 말한 것 가운데 줄 서기가 있었어. 우리 반이
언제 줄을 서지?

희진 급식 먹을 때, 간식 먹을 때요.

화영 바깥놀이에서 돌아올 때랑 집에 갈 때요.

이럴 수가! 줄 서는 횟수를 꼼꼼히 센다고 했는데 아직도 빠진 것이 있었다.

교사 선생님이 이렇게 여러 번 줄을 서라고 하는구나. 이 중에 너희들이 꼭 줄을
서야 할 때를 정하고 나머지는 없앨까? 어때?

시윤 그러면 화장실에 갈 때는요?

진수 강당 갈 때 계단은 위험하니까 줄 서서 가요.

자영 선생님, 그런데 급식실에서는 어차피 줄 서야 밥을 먹을 수 있어요.

아이들은 나름대로 근거를 대며 꼭 필요한 줄 서기를 골랐다. 아침부터 아이들과 이런 대화를 하면서도 마음의 갈등은 있었다. '지금 내가 잘하고 있는 짓인지 모르겠어. 이러다가 다시 충무공의 후예들을 영접하는 거 아니야?'

아이들과 회의를 거쳐 줄을 꼭 서야 하는 경우를 제외하고 나머지는 자유롭게 다니기로 했다. 그런데 습관이 무섭다고 줄을 서지 않아도 된다고 한 경우라도 아이들은 줄을 한 번 섰다가 흩어졌다. 그리고 이내 삼삼오오 같이 걷고 싶은 아이들끼리 내 주변으로 모여들었다. 자유롭게 걷는 것이 익숙해지자 아이들은 짝꿍의 이탈에 신경 쓰지 않았고, 이야기를 더 많이 했다. 재민이 얼굴이 편 것도 두말하면 잔소리다. '재민아, 그간 마음고생이 많았다.'

줄 서야 할 의무가 있다면 줄 서지 않을 권리도 있다. 아이들을 줄 세우면서 나는 한 번도 먼저 아이들의 의견을 물어본 적이 없었다. 그저 줄을 벗어난 아이를 지적하고 제자리로 돌아가라고 지시했을 뿐 줄 서는 것 자체에 대해 아이들과 이야기해볼 생각을 미처 하지 못했던 것이다. 그러니 아이들이 줄을 서는 것은 당연하며 내가 정해준 자리를 이탈해서는 안 된다고 생각했다. 아이들을 독립된 주체로서 존중하

유치원 아이들의 학급 자치 이야기

지 못했던 내가 자치를 제대로 할 준비는 되어 있었을까? '이전까지 가르쳤던 아이들아, 미안하다. 선생님도 완벽한 존재가 아니라 늘 배우는 중이란다. 이래서 사람은 죽는 날까지 배운다는 말이 있나 봐. 너희가 커서 사회에 나오면 선생님이랑 같이 배우자.'

어쩔티비? 4

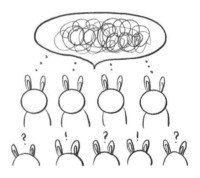

유치원 아이들의 학급 자치 이야기

급·간식 편식 지도의 딜레마

매일 일어나는 급식 시간과 간식 시간의 실랑이 장면. 채소와 과일을 먹지 않으려 하거나 편식이 심한 아이들과 선생님의 눈치 보기가 연출된다. 삼시 세끼 중 점심 한 끼에 유아들의 편식 지도가 가능할까 하는 의문이 드는 것이 사실이다. 아이들의 편식에 대한 학부모들의 요구도 각양각색이다. 어른들에게 음식은 개인의 취향이지만 아이들에게도 음식이 취향과 선택권이 될까?

A 아침 우유 간식 시간부터 눈치 보기가 시작되는 게 사실이에요. 유달리 우유를 먹지 않으려는 아이들이 있는데, 그중에는 아침도 안 먹고 부모님 출근 시간에 맞춰 일찍 등교하는 아이도 있어요. 급식 시간까지 아무 것도 안 먹고 있으면 배가 고플 것 같아서 우유라도 먹이고 싶은 게 교사의 마음이지만, 아이가 거부하고 고개를 젓는데 억지로 권해서 아침부터 기분을 망치게 하고 싶지도 않아요. 등굣길에 학부모가 아이가 아침 식사를 못 했다며 우유라도 꼭 먹여달라고 부탁했다면 마음의 갈등이 더 심해져요. 나중에 아이가 귀가해서 선생님이 먹기 싫은 우유를 억지로 먹여 유치원 가기 싫다고 하는 경우가 종종 있거든요. 한두 번은 넘어가지만 이런 일이 자주 벌어지게 되면 학부모와

교사 사이에 신뢰가 깨지기도 해요. 아이와 사이도 나빠지지요. 어른도 먹기 싫은 것을 자꾸 권유받을 때 난감한데, 아이들은 얼마나 싫을까 하는 생각이 들어요. 그렇다고 마냥 내버려두면 그것도 방임이 될까 걱정이죠.

B 우리 반 아이 중 한 명은 급식실만 가면 토하는 바람에 점심을 거의 못 먹었어요. 어쩌다 좀 먹었다 싶은 날에는 방과후 과정 간식 시간에 또 먹기를 거부하거나 토했어요. 학부모 상담 때 가정에서는 어떤지 물었는데 아침은 잘 안 먹으려고 해도 먹이면 끝까지 다 먹는다고 해서 유치원에서만 그런 현상을 보이는 것이 이상했어요. 심리적인 이유일지 몰라 한동안 지켜봤는데 유치원에 오는 것도 좋아하고 아이들하고 어울리는 것도 문제가 없었죠. 어머니와 다시 상담하면서 아무래도 오전, 오후 간식이 아이가 받아들일 수 있는 양보다 많은 것 같으니 조절해보자고 협의하고 한 달을 지켜봤어요. 처음에는 어머니가 오후 간식을 안 먹으면 아이가 크지 않을 것 같다고 걱정했지만 상담에서 결정된 내용을 수용했죠. 결과는 좋았어요. 아이는 급식실에서 토하는 현상을 점점 멈추고 오전 우유와 오후 간식 대신 밥을 더 충실히 먹었고 먹는 것을 두려워하지 않게 되었어요. 식사는 아이의 성장과 관련된 문제라 모든 학부모님이 당연히 예민하시겠지만, 아이의 의견을 묻는 것이 중요하다는 생각이 들어요. 일방적인 '한 숟가락만 더 먹어.'라는 말은 아이에게 오히려 부담으로 작용한다는 것을 보여주는 사례였어요.

유치원 아이들의 학급 자치 이야기

C 몇 년 전에 김치를 먹기 싫어하는 아이에게 김치를 권했다가 아이의 의사를 존중하지 않고 강요한다고 학부모로부터 거세게 항의를 받았다는 한 선생님의 사례를 듣고 심란했던 적이 있어요. 물론 평소에 신뢰 관계가 탄탄하지 못해서 그간의 감정들이 쌓여 있다가 급식 지도가 계기가 되어 좋지 않은 형태로 불거진 것일 수 있지만 어쨌든 그 사례를 듣고 난 후 동료 선생님들의 급식 지도가 예전과 다르게 소극적으로 변할 수밖에 없었어요. 교사는 전혀 그럴 의도가 아니었지만, 적극적으로 편식 지도를 했다가 자칫 아이의 결정권을 침해하는 행위로 비춰질지 몰라서 걱정스러운 것이죠. 특히 학부모가 가정에서 자녀의 편식 지도가 잘되지 않으니 선생님이 적극적으로 해달라고 부탁하는 경우가 난감해요.

D 한 번은 급식실에서 아이가 투정을 심하게 부리면서 "선생님은 내가 좋아하는 반찬은 안 가져다주고 맨날 안 좋아하는 것만 줘요."라고 했어요. 아이가 좋아하는 음식은 햄, 소시지, 닭튀김, 달콤한 디저트류 같은 것이었는데 그런 것만 배식하지는 않죠. 사실 그 아이가 입학했을 때 보호자가 아이가 밥을 안 먹으면 선생님이 다 먹게 떠먹이느냐, 아이 입맛에 맞는 반찬은 나오느냐, 좋아하는 반찬을 따로 싸 보내줘도 되느냐고 이것저것 물었어요. 아이가 먹기 싫어한다고 그냥 두면 오후 활동 때 배가 고플 것 같아 조금이라도 먹어보라고 권유하는데, 당연히 아이의 불만은 더 커지죠. 그런 날은 집에 가면 급식실에 가기 싫으니까

다음 날 유치원 안 가고 싶다고 투정을 부렸어요. 부모님은 아이 말을 듣고 유치원으로 전화하시고…. 그럴 때는 많이 허탈하죠.

E 학부모마다 급식 지도에 대한 요구가 다르니 그게 고민이에요. 어떤 학부모는 아이 건강이 염려되니 편식 지도를 요구하고, 어떤 학부모는 아이가 싫어하는데 굳이 먹고 싶지 않은 것은 먹이지 말라 하세요. 교사 입장에서는 학부모의 요구를 반영하여 급식 지도를 하는데, 그것을 바라보는 아이들의 눈에는 교사가 일관성 없이 누구는 봐주고 누구는 안 봐주는, 편애하는 사람으로 보일 수 있겠다 싶어요. 더구나 환경을 위해 잔반 없는 날을 운영할 때는 배식대에서부터 아이들의 요구가 쏟아지죠. 한 아이가 먹기 싫다고 특정한 반찬을 안 받겠다고 하면 다른 아이들도 따라서 안 받겠다고 하는 날이 있어요. 특히 비빔밥이나 볶음밥, 야채가 섞인 죽 종류가 나오는 날에는 그런 현상이 심했어요. 이런 날의 급식 지도는 정말 쉽지 않아요.

요꼬지 뒷이야기

급식 지도는 교사들에게 정말 많은 고민을 안겨준다. 교사들 사이에서도 편식 지도에 대한 생각이 다르고, 학부모들의 요구와 아이들의 취향, 알레르기 유발 문제에, 다문화 유아가 있는 학급은 식생활 문화의 차이까지 겹쳐 그 짧은 시간에 살펴야 할 것들이 너무 많다. 이야기하면 할수록 이 문제는 뫼비우스의 띠 같은 느낌이다. 이제는 편식 지도가 아이들의 자기 결정권을 침해하는 아동학대라는 인식까지 생겨 교사들의 의견이 더 분분해지는 것 같다.

유치원 아이들의 학급 자치 이야기

2장

즐거움을 더하는
놀이 속 자치

놀잇감
선택권 보장

"안녕하세요, 선생님. 내가 제일 먼저 왔어요? 친구들은요?" 우렁 찬 목소리로 인사를 한 지원이는 유치원에 제일 먼저 도착한 것을 확인하고, 가방을 정리하면서 재빠르게 눈으로 놀이영역을 스캔한다. 그러고는 장난감 마트에서 쇼핑하는 것처럼 역할놀이 카트에 필요한 놀잇감들을 담기 시작하였다. 간발의 차이로 지원이보다 늦게 유치원에 도착한 규민이가 깊은 한숨을 내쉰다.

규민 저 인형 내가 먼저 가지고 놀려고 했는데….

교사 지원이가 먼저 인형을 가지고 놀고 있으니 규민이는 자동차 놀이 할까?

규민 싫어요. 나 아기 인형 놀이 하고 싶어요.

유치원의 일과 중 자유놀이 시간은 아이들이 다양한 놀이영역을 탐색하면서 마음껏 노는 시간이다. 며칠 전부터 아이들이 엄마, 아빠 놀이를 하면서 잔칫날처럼 음식을 한 상 가득 차리더니, 이제는 아기를 돌본다며 아침마다 아기 인형을 차지하기 위해 일찍 등교하기 시작했다. 규민이는 오늘따라 친구가 먼저 찜한 아기 인형을 가지고 놀겠다고 더 생떼를 부렸다.

아이들은 가끔 이해할 수 없는 행동을 할 때가 있다. 분명 어제까지 아기 인형에 관심이 없었는데 다른 친구가 갖고 놀자 규민이도 그 인형이 필요하다고 내놓으라고 한다. 그런데 막상 친구가 양보하면 그 놀잇감은 거들떠보지 않고 다른 친구가 갖고 있는 놀잇감을 달라고 한다. 이번에도 나는 여느때처럼 아이를 달래어 다른 놀잇감을 갖고 놀도록 유도하고, 골고루 돌아가며 놀 수 있도록 반강제적으로 놀잇감 사용 시간을 정했다.

아기 인형 놀이가 곧 시들해질 줄 알았는데 아이들의 다툼은 어느새 두 주가 넘게 계속되었다. 매일 아침 아이들의 실랑이를 보고 있는 나의 인내심이 한계에 다다랐다. '에휴, 더는 안 되겠네. 교구 구입 때까지 아직 좀 남았지만, 더 못 기다리겠어. 인형은 먼저 사야겠다. 규민아, 선생님이 오랜만에 잠재우고 있었던 지름신과 쇼핑 감각을 좀 깨워보마. 기대하렴.'

예산서는 들여다보면서 아이들 마음은?

세상을 사는 재미 중 하나는 단연 쇼핑이다. 나는 콧노래를 부르면서 인터넷 창을 좌우로 열어놓고 ○마켓, ○○번가 사이에서 폭풍 클릭질을 해대며 온갖 인형을 살펴보았다.

교사 오, 이 인형 엄청 튼튼해 보이는데. 몇 년은 거뜬히 사용할 수 있겠어. 다른 사이트에선 가격이 얼마더라? 일단 장바구니에 담고···. 어머, 이 인형 너무 예쁘다. 진짜 아기처럼 생겼는데 비싸네. 이건 귀엽긴 한데 팔, 다리가 너무 약해 보여. 패스!

이월 말경 새 학년 준비기간 동안 교사들은 아이들을 맞이하기 위해 자료실에 있는 놀잇감 중 아이들이 좋아할 만한 것을 꺼내어 교실에 비치한다. 올해 3세반 담임이 된 나는 아이들에게 가장 인기 있는 아기 인형과 자동차를 교구장에 넣어 놓았지만 낡아서 교체할 놀잇감을 간추려내고 보니 인형을 여유 있게 준비하기 어려웠다. '이 정도면 충분하겠어. 애들도 좋아하겠네.' 나는 흡족한 마음으로 경쾌하게 결제 창을 닫았다.

| 이틀 후
교사 아기 인형이 도착했어. 엄청 귀엽지?

민서 선생님이 사 왔어요?

유정 저도 아기 인형 주세요.

교사 규민아, 아기 인형 기다렸잖아. 왜 안 가지고 놀아?

규민 (인형을 밀어내며) 이 인형이 아니라고요.

교사 규민이가 원하는 아기 인형이 있었니?

규민 (속상한 표정을 지으며) 네, 선생님. 나한테 물어보고 골라야죠. 왜 마음대로 샀
어요?

'인형을 사주고도 혼나는 것 같은 이 느낌은 뭘까? 나도 그동안
갈고닦은 노하우가 있어서 나름 잘 고른 건데…' 대다수 아이는 내가
산 인형에 만족해하며 놀았지만 역시 규민이는 호락호락하지 않다. 속
상해하는 규민이의 반응에 내가 더 당황했지만, 다시 규민이의 생각을
물어보았다.

교사 어떤 인형이 좋아? 선생님이 다음에 살 때 참고하려고. 말해줄 수 있어?

규민 내가 좋아하는 인형은 흔들면 눈이 깜박거리고, 쪽쪽이도 입에 넣을 수 있
고, 아기도 등에 업어줘야 해요.

교사 아~, 눈이 깜박이고, 뭐? 쪽쪽이?

민서 선생님, 아기들은 쪽쪽이가 있어야 잠을 잘 자요.

선유 아기에게 우유도 먹어야 하는데 이 아기 인형은 우유병이 입에 안 들어가요.
아기가 배고프겠어요.

준이　아기는 업어줘야 자는데 아기 띠가 없어서 재울 수가 없어요.

규민이와 나의 대화를 듣던 아이들이 하나둘 모여들더니 저마다 한마디씩 거들며 인형 품평회를 시작하였다.

교사　(아이고, 너희들 세 살 맞니? 아기를 키워본 나보다 더 잘 아네. 이런 줄 알았으면 후기를 읽을 것이 아니라 차라리 너희들에게 물어볼 것을…) 음~, 선생님이 너희들 생각을 안 물어보고 맘대로 샀구나. 미안해.

유치원에서는 연간계획을 수립하여 교구를 구입하는데, 당시 우리 유치원은 분기별로 계획이 세워져 있었다. 교사들은 시기에 맞춰 한정된 예산 내에서 구입할 놀잇감 목록을 작성했다. 그러다 보니 아이들이 놀면서 그때그때 말하는 요구를 다 들어주기 어려운 것이 사실이었다. 이제까지 교구를 고를 때 정해진 예산을 넘기지 않으려고 예산서는 꼼꼼히 들여다보았지만, 아이들의 마음을 들여다본 적은 없었던 것이다. 이번에도 나의 기준으로 쇼핑을 했던 결과가 이렇게 되었다. 아이들은 내가 마련해준 놀잇감을 가지고 별말 없이 놀고 있어도 사실 저 나름대로 놀잇감에 대한 요구와 기준을 갖고 있다는 이야기다. 결국 나의 열정적인 쇼핑은 교사의 판단으로 시작해서 교사의 만족으로 끝난 셈이다.

교사　놀잇감을 더 사야 하니 너희들이 필요한 것으로 사줄게.

민지 쪽쪽이, 아기 우유병, 아기 띠~.

준이 유모차, 아기 침대.

송희 목욕탕이랑 아기 샴푸.

교사 얘들아, 잠깐만. 필요한 게 많지만 다 살 수는 없어.

유찬 왜요? 선생님 돈 많이 없어요?

아린 카드로 사면 되는데?

지후 우리 엄마는 핸드폰으로 사.

교사 엄마, 아빠가 열심히 일하셔서 돈을 벌면 그 돈으로 쇼핑도 하고 맛있는 것도 사 먹지? 그것처럼 유치원에서도 물건을 살 때는 유치원에서 쓸 수 있는 돈을 생각하고 계획해서 사야 해. 선생님이 우리가 얼마나 쓸 수 있는지 알아볼게. 내일은 꼭 필요한 놀잇감이 무엇인지 생각해보고 같이 사자.

항상 주어진 대로 잘 놀고 있어서 내가 준비한 장난감에 불만이 있을 거라는 생각을 해본 적이 없었는데 말이 떨어지자마자 속사포처럼 속마음을 쏟아내는 아이들을 보니 미안한 마음이 들었다. 하지만 선생님에게 말만 하면 무엇이든 뚝딱하고 살 수 있다고 생각하는 아이들에게 경제 개념을 알려주기란 쉽지 않았다. '아이들에게 놀잇감을 같이 사자고 큰소리는 쳤는데 이러다간 내일 유치원 파산할 기세군.' 고민에 빠져있던 나에게 유나가 무엇인가를 들고 다가왔다.

유나 선생님, 이 돈으로 치즈피자 몇 개 살 수 있어요?

유치원 아이들의 학급 자치 이야기

교사 어디 볼까? 만 원짜리구나. 메뉴판에 치즈피자가 오천 원이라고 써졌네. 오천
　　　원짜리 두 개 사면 만 원 되니까 두 개 살 수 있어.

피자가게 놀이에 쓰라고 만들어 주었던 종이돈을 가지고 온 유나
덕에 퍼뜩 좋은 아이디어가 떠올랐다. '그래, 이렇게 하면 되겠네. 유나
야, 고맙다.'

선택은 함께, 경제 교육은 덤으로

다음 날, 아이들은 어제의 일을 까먹지 않고 아기 인형 돌볼 때 필
요한 물건을 사자고 떼를 쓰기 시작하였다. 나는 비장의 무기인 가짜
돈을 꺼내 들었다.

| 1단계 - 우리의 예산 점검하기
교사 (칠판에 가짜 돈을 붙이며) 우리가 이번 달에 쓸 수 있는 돈은 십만 원이야. 여기
　　　우리 친구들이 역할놀이를 할 때 사용하는 돈 보이지? 초록색 돈은 만 원인데
　　　열 장이 모이면 십만 원이 된단다. 그리고 만 원은 오천 원 두 장이랑 같아.

| 2단계 - 쇼핑 리스트 작성하기
교사 어제 아기 돌볼 때 꼭 필요한 놀잇감이 무엇인지 생각해보기로 했는데 잘 생

각해봤니? 왜 필요한지 설명도 해주면 좋을 것 같아.

혜민 쪽쪽이가 필요해요. 아기는 잠잘 때 쪽쪽이 물어야 해요.

민서 선생님, 아기 우유병이 한 개만 있는데 아기한테 중요하니까 더 필요해요. 우유병은 우유가 움직이는 것으로 사주세요.

수연 아기 업어주려면 아기 띠랑 산책할 때 유모차도 필요해요.

교사 (칠판에 그림을 그리며) 꼭 필요한 물건이 쪽쪽이, 우유병, 아기 띠….

| 3단계 – 가격 비교하기

교사 TV 화면을 다 같이 볼까? 선생님이 우유병이라고 검색해볼게. 친구들이 원하는 우유병이 나오면 알려줘.

준이 그거 맞아요. 우리가 찾는 거예요.

민지 쪽쪽이도 같이 있어요. 이것으로 사요.

교사 좋아, 그러면 가격을 볼까? 배송비까지 하면 만 원 한 장이 필요할 것 같아. 칠판에 있는 만 원을 한 장 뺄게. 다음은 아기 띠를 사보자.

이정 그거요. 저는 노란색 좋아해요.

규민 나는 파란색 좋아해요.

교사 좋아, 노란색, 파란색 아기 띠는 만 원 두 장이 필요하네.

규민 선생님, 돈이 점점 없어지고 있어요. 어떻게 해요?

성준 유모차도 살 수 있어요? 돈 없는데….

교사 유모차까지는 살 수 있을 것 같은데 아기 침대는 못 살 수도 있어. 아기 침대도 꼭 필요하지?

주빈　　그럼 침대는 사지 마요. 블록으로 침대랑 목욕탕 만들면 돼요.

교사　　(애들이 이렇게 말을 잘했었나?)

　　논리적인 이유를 대는 아이들의 말에 살짝 당황스럽기까지 했다. 아이들은 놀잇감을 스스로 결정하여 살 수 있다는 것에 매우 즐거워하면서도 점점 사라져가는 돈을 초조한 눈으로 쳐다보았다. 걱정이 가득한 얼굴의 규민이와 쇼핑에 진지하게 참여하는 아이들의 모습을 보니 웃음도 나고 대견하기도 했다. 놀잇감의 가성비를 따져가며 예산 범위 내에서 구입하려고 노력한 덕에 아이들은 꼭 필요하지 않은 것들은 다른 재료를 활용해 놀이하는 방법까지 터득하게 되었다. 사치하지 않는 현명한 소비자가 된 것이다. 놀잇감의 주인인 아이들에게 결정권을 조금 넘겨준 것뿐인데 나와 아이들 모두 매우 만족스러운 결과를 얻었다.

　　여전히 바쁜 하루를 지내는 나는 정해진 예산을 집행할 때 아이들의 의견보다는 내가 결정해서 인터넷 쇼핑몰과 교재교구 책자를 보며 물건을 구입한다. 때때로 아이들은 놀잇감을 함께 선택했던 기억이 나는지 미술영역에서 놀다가 점토나 종이컵이 없으면 나에게 물건을 사야 할 것 같다면서 귀여운 요청을 하기도 하고, 망가진 놀잇감이 있으면 가져와 이유를 설명하며 새로 사야 한다고 보채기도 한다. 기회를 주지 않아서 못한 것일 뿐 아이들은 자기 스스로 결정하고 선택할 수 있는 자질을 충분히 갖추고 있었다.

　　내일부터 교무실 내 책상 위에 꽂혀있는 교재교구 책자를 교실에도 하나 가져다 놓아야겠다. 아이들의 선택권을 보장하는 것은 이렇게 작은 일부터 시작해야 한다는 사실을 새삼 깨달았다. 역시 아이들은 어른의 거울이다. 이번 주에는 아이들과 함께 한 번 더 놀잇감을 선택해보려고 한다.

"우리 같이 놀잇감 골라볼까?"

우리 반에 놀러 와 vs 놀러 오지 마

교실 복도 창문으로 매미처럼 붙어 있는 옆 반 아이들의 얼굴이 보인다. '무슨 일이 있나? 왜 저렇게 매달려서 보고 있지?'라고 생각하던 순간 아이들끼리 소곤거리는 목소리가 들린다.

| 다섯 살 형님들의 대화

현준　동생들 또 뭐 하나 봐.

민아　와~, 재밌겠다. 우리도 하고 싶지?

우영　우리도 하고 싶다고 선생님한테 말하자.

승현　동생들 놀이잖아. 우리가 어떻게 해.

놀이중심 교육과정으로 바뀌면서 교실 안은 아이들이 주도하는 놀이가 매일매일 이루어지고 있다. 오늘 우리 반은 두 주 동안 함께 준비했던 놀잇감으로 바다 여행 놀이에 한창 신이 났는데 아이들이 놀이하는 소리가 밖에까지 들려 옆 반 아이들에게 부러움을 샀다. 잠시 화장실에 들른 나는 세 살 때 가르쳤던 엉뚱 발랄한 민재를 만났다.

민재 선생님~.

교사 민재야. 왜?

민재 선생님은 동생들이랑 재미있는 놀이하면서 저는 왜 안 불러요?

교사 뭐? 아! 안 불러서 미안!

순간 왜 그랬는지 나도 모르게 민재에게 미안하다며 사과를 하고 있었다. 그날 놀이가 정말 즐거웠는지 우리 반 아이들은 교육과정 마칠 시간이 되고서도 쉽게 흥분을 감추지 못하였다.

교사 오늘 즐겁게 놀았어?

소현 네~. 진짜 재미있었어요. 해먹 타는 거랑 악어 튜브 타는 거 너무 재미있었어요.
내일도 또 놀아요.

교사 그런데 우리가 놀이할 때 옆 반 형님들이 구경하는 거 봤니?

진혁 형님들은 매일 창문으로 구경해요. 우리가 하는 거 하고 싶은가 봐요.

우리 반 아이들은 형님들이 매일 창문 너머로 구경하고 간다는 것을 알고 있었다. 내가 민재의 이야기를 들려주었더니 아이들은 흔쾌히 형님반을 초대하자고 하였다. 며칠 동안 이어진 바다 여행 놀이를 충분히 즐겼던 우리 반 아이들은 아무도 반대하지 않았다. 아이들의 동의는 구했으니 옆 반 선생님에게 이야기를 꺼내보아야 한다. 형님반의 일과 운영에 방해가 될까 조심스러운 마음으로 선생님에게 아이들의 의견을 전하였고, 화장실에서 만난 민재의 이야기를 들려주었다.

우리 반으로 놀러 오세요

"사실은 아이들이 놀러 가고 싶다고 떼창을 해서 난감해하고 있었어요. 초대해주시면 너무 감사하죠." 옆 반 선생님과 나누었던 이야기를 전달하자 아이들은 우리가 한 번 초대하면 다음에는 우리가 형님반에 놀러 갈 수 있다면서 기뻐하였다. 우리는 형님들을 어떤 방법으로 초대해야 할지 함께 의견을 나누었다. 아이들은 초대장을 만들자고 하였다. 하지만 초대장을 받아본 적이 없는 아이들은 그것을 어떻게 만들어야 하는지 난감해했다.

교사 선생님이 어제 받은 초대장이 있는데 한번 볼래?

준영 어떤 초대장이에요? 생일파티?

교사 선생님이 초대장에 있는 글을 읽어줄게. 어떤 초대장인지 맞춰보렴. 저희 두 사람이 믿음과 사랑으로 한 가정을 이루게 되었습니다, 행복하게 잘 살겠습니다. 오셔서 지켜봐주시고 축하해주십시오.

다빈 크크크, 결혼하나 봐요.

민주 저도 엄마가 받은 거 본 적 있어요.

교사 맞아. 선생님이 결혼식에 초대받았단다. 초대장에 어떤 내용이 들어 있는지 자세히 살펴보자.

'백문이 불여일견'이라더니 초대장을 본 아이들은 일사천리로 초대장의 이름을 짓고 그림을 그린 후 글을 쓰기 시작하였다. '그런데 날짜는 어떻게 정하지? 선생님들끼리 협의해야 하나? 아이들한테 물어봐야 하나? 월요일은 강당에 가니 힘들겠지. 화요일은 이야기 할머니가 오시는 날이고, 음….'

교사 얘들아, 형님들도 지금 하는 놀이가 있어서 아무 때나 오기 힘들 텐데 언제 오라고 할까?

아이들 월, 화, 수, 목, 금 언제 오고 싶은지 물어봐요.

역시 모든 정답은 아이들에게 있다. 하나의 고정된 날짜만 생각했던 나와는 달리 아이들의 생각은 매우 단순하면서 유연했다. 스스로 날짜를 선택하여 일과를 조정할 기회가 된 것이다. 이렇게 해서 '우리 바꾸어서 놀아요' 초대장이 완성되었다. 그 후 재미있는 놀이를 할 때는 형님반과 동생반을 초대해 교실을 내주곤 하였으며, 가끔은 서로 교실을 바꾸어 놀이를 진행하기도 하였다.

다영 선생님~, 오늘 형님반 초대하는 건 어때요?

교사 뭐라고? 갑자기?

다영 형님반에 가면 움직이는 토끼 인형이 있거든요. 우리 교실 바꾸어서 놀아요.
내가 초대장 만들게요.

교사 (에휴~, 속셈은 따로 있었구나…)

| 에필로그 - 형님반 떼창 이야기

준형 선생님, 우리도 동생들이 하는 놀이하고 싶어요.

아이들 우리도 하고 싶어요. 동생반 가고 싶어요.

형님반 교사 그건 곤란해. 동생들이 허락 해줘야 하고 담임선생님께도 여쭤봐야
한단다.

민재 선생님, 내가 다 말해놨어요.

형님반 교사 어? 무슨 말이야?

민재 화장실에서 만나서 다 이야기했다고요. 됐죠?

형님반 교사 ??? (민재야, 화장실에 가서 대체 누구랑 뭐 하고 온 거니?)

우리 반에 놀러 오지 마세요

해가 바뀌고 이듬해 나는 유치원의 가장 귀염둥이 막내 3세반 담임을 맡게 되었다. 엄마가 보고 싶다며 울고불고 지냈던 삼월, '우리는 할 수 있다!'를 외치던 사월이 지나자 이젠 제법 친구들과 함께 어울리며 재미있는 놀이를 생각해내기도 한다. 아이들과 동물원 놀이를 하고 있었던 나는 작년에 네 살 은빛반 친구들이 다섯 살 형님들을 초대하여 즐겁게 놀았던 기억이 떠올라 올해도 형님들과 함께 놀면 어떻겠냐고 아이들에게 물어봤다.

"싫어요. 형님들 오지 말라고 해요." 예상치 못한 대답이 나왔다. "어? 싫어? 왜?" 당연히 초대해서 같이 놀 거라고 예상했는데 그건 나만의 큰 착각이었다.

교사 형님들과 같이 놀면 안 돼? 형님들도 놀고 싶어 하는데?

윤서 싫어요. 우리만 놀 거예요.

우진 민이랑 내가 동물원 만들었어요.

성현 토끼집 절대 못 만지게 해주세요.

민정 형님들도 만들라고 해요.

오랜만에 세 살 아이들의 담임을 하게 된 나는 이 나이 아이들이 함께 어울리며 노는 즐거움보다는 내 것이라는 욕심이 앞선다는 것을

유치원 아이들의 학급 자치 이야기

잠시 잊어버리고 있었다. 큰일 났다. 이미 형님반 아이들한테 "동생들이 만든 동물원 멋지지? 곧 초대할 테니 기다려봐."라며 큰소리를 땅땅 쳤는데 정말 난감하다. "우~와, 재미있겠다." 기대에 찬 형님들의 목소리를 들을 때마다 괜히 가슴 한편이 뜨끔하다. 형님반 아이들이 동생반에 와서 노는 날이 언제냐고 또 물어보면 뭐든 대답해야 하니 얼른 우리 반 아이들을 회유해야겠다.

> **교사** 우리가 만든 동물원을 형님들한테 자랑하자. 응?
>
> **민준** 싫어요. 형님들이 우리가 만든 거 다 부수면 어떻게 해요?
>
> **교사** 그럼, 형님들한테 조심해서 놀자고 할게. 같이 놀자.

오늘도 나는 아이들 뒤를 졸졸 따라다니며 형님들과 같이 놀자고 졸라본다. 세상 뚝심 있고 단호한 아이늘. 어디서부터 잘못된 것인지 잠시 반성의 시간을 가져보았다. 나이가 어려서 스스로 결정할 수 없을 거라는 생각, 동생이니까 당연히 형님들에게 양보해야 한다는 생각. 아이들이 주체가 되어야 한다고 머릿속으로 생각하면서도 나 혼자서 결정하고 아이들에게 통보하는 언행 불일치의 모습을 오늘도 여지없이 보여주고야 말았다. '그래, 이실직고하자.'

> **교사** 사실은 선생님이 형님들한테 우리가 만든 동물원을 자랑하고 싶어서 놀러 오
>   라고 했어. 미안해, 너희들의 생각은 안 물어보고 마음대로 초대해서. 작년에

형님들이 놀이했던 영상 있는데 보고 생각해볼래?

지성이면 감천이라 했던가. 형님들의 놀이 영상을 본 아이들의 마음이 조금씩 움직이기 시작했다. '처음부터 이렇게 해볼걸.' 지금이 기회다. 언제 아이들의 마음이 바뀔지 모른다.

교사 어때? 형님들 재미있게 잘 놀지?

희연 그럼~.

교사 (급 화색 띤 얼굴로) 어, 그래 희연아? 그럼, 뭐?

희연 우리가 만든 거 절대 부수면 안 된다고 말해주세요.

교사 좋아, 우리가 놀이 규칙을 만들어서 형님들한테 말해주자.

| 아이들이 정한 놀이 규칙

- 강아지 집 만지면 안 돼요.

- 토끼 먹이 가지고 가면 안 돼요.

- 거미줄 당기면 안 돼요.

- 동물원에서 뛰면 안 돼요.

아이들이 만든 놀이 규칙은 참 일관성 있게 '~하면 안 돼요.'로 끝난다. 일단 인정! 놀이 경험이 많은 형님들이랑 놀다 보면 '안 돼요'는 모두 '돼요'로 곧 바뀌게 될 테니까. 그리고 '돼요'가 훨씬 재미있다는 것

유치원 아이들의 학급 자치 이야기

을 알게 될 것이다.

'이거 봐, 이럴 줄 알았어. 엄청 잘 놀잖아. 윤서는 싫다더니 언니랑 제일 재미있게 노네.' 나는 이미 많은 경험으로 우리 반 아이들이 형님들과 즐거운 시간을 보낼 것이라고 예상했다. 하지만 아직 그것을 경험해본 적이 없는 아이들은 무턱대고 담임이 형님반을 초대한다고 하니 거부감이 먼저 들었을 것이다. 그런데 내가 아이들의 이런 마음을 먼저 헤아리지 못하고 내 기준대로 예단하면서 상황이 꼬일 수밖에 없었다.

아이들과 자치를 한다는 것은 많은 인내가 필요하다. 아이들의 생각이 자랄 때와 서로를 이해하고 받아들일 수 있을 때를 충분히 기다려주어야 한다. '설마 이 정도는 하겠지?'가 아닌 '이렇게 할 수 있을 만큼 자랐구나.'라고 인정할 수 있어야 한다. 아이들의 속도에 맞춰가야 하지만 어른인 나는 아이들보다는 어른의 눈높이에 맞추어 욕심이 앞서갈 때가 많다. 올해는 아이들 옆에 서서 천천히 생각하고 기다리는 연습을 해야겠다.

그럴 거면 왜 물어봤어요?

유치원 아이들의 학급 자치 이야기

말 많고 탈 많은
바깥놀이

자유놀이가 한창 진행되던 중 성률이가 바깥놀이 갈 시간을 알려
주었다.

성률 선생님, 이제 바깥놀이 갈 시간이에요.

교사 어? 벌써 시간이 그렇게 되었네. 그럼, 이제 정리하고 나갈 준비해볼까?

다온 선생님, 저는 그냥 교실에서 더 놀고 싶어요.

교사는 한 명인데 어쩌나. 아이들은 가끔 이런 갈등 상황을 만들
곤 한다. 어떻게 하면 좋을지 고민하다 아이들이 결정하도록 은근슬쩍
넘겨보았다. 나도 아이들이 이야기하는 동안에 대책을 마련할 시간이
필요했다. 수업 시간이 정해지지 않은 유치원의 탄력적인 일과 운영은

이럴 때 참 곤란하다.

교사 바깥놀이 시간이 다 되었는데, 다온이는 교실에서 더 놀고 싶대. 어떻게 하면
좋을까?

아이들에게 바깥놀이만큼 매력적인 활동은 없을 것이다. 바깥놀
이 이야기가 나오자마자 하던 놀이가 갑자기 중단되고 모든 아이의 귀
가 한곳으로 쏠렸다. 약속했으니 바깥놀이를 무조건 당장 가야 한다는
바깥놀이파와 지금 하는 놀이를 중단할 수 없으니 방과후 과정 시간
에 바깥놀이를 가자는 교실놀이파로 아이들의 의견이 나뉘었다. 이때
눈치 빠른 다온이가 한술 더 떠서 말한다.

다온 나 가방 거의 다 만들었거든. 조금만 더 기다려줘.

교실파였던 다온이는 순식간에 양다리파가 되어 가방을 다 완성
할 때까지 기다렸다가 같이 나가자고 했다. 여기까지는 그런대로 괜찮
았다. 갑자기 등장한 논리파 아이들이 한마디를 보탰다.

지우 야, 기다리면 바깥놀이 시간이 줄어들잖아.
현성 그래, 시간 없어진다. 빨리 가자고.

발을 동동 구르며 현성이와 지우는 말하는 시간도 아깝다는 듯 바깥놀이파에게 힘을 실어주었다. 일단 다 들어보자고 기다렸더니 아이들의 의견은 점점 더 팽팽해졌다. 이대로 가다가는 바깥놀이는 고사하고 곧 급식실로 출발해야 할 시간이 될 것 같아 초조한 마음이 들었다. 바깥놀이를 못 나가게 되면 하교 시간에 아이들에게 얼마나 원성을 들을지 아찔했다.

> **소망** 얘들아, 잠깐만! 선생님, 칠판 좀 사용할게요. 1번 칸은 바깥놀이, 2번 칸은 교실놀이야. 옆에 자기 이름 써.

평소에 주도적으로 놀이를 이끌며 종종 내 흉내를 내던 소망이가 칠판에 칸을 나누더니 원하는 곳에 자기 이름을 써보라고 한다. 네 살이라 한글을 제대로 쓸 줄 아는 아이가 많지 않아서 매일 칠판에 자기 이름을 쓰는 연습을 하면서 놀이 친구를 찾곤 했다. 아이들은 소망이의 말에 따라 각자의 이름을 칠판에 썼다. 예상대로 바깥놀이를 희망하는 아이가 많았다. 교실에서 놀고 싶은 아이는 바깥놀이를 원하는 친구들이 많다는 것을 인정하면서도 속상한 눈치다. 특히 가방을 마무리하지 못한 다온이는 곧 울음이 터질 것 같다.

> **교사** 다온이가 속상한가 봐. 어떻게 하면 좋을까?
> **지안** 다온아, 내가 가방을 빨리 만들 수 있게 도와줄게.

현우 우리가 정리하고 있을게. 그사이에 빨리 만들어.

아이들은 모두 만족한 얼굴이 되어 갑자기 분주해졌다. 나도 덩달아 정리를 시작했다. 그러면서 내심 네 살 아이들의 자치 능력에 놀라움을 느꼈다. 내가 생각할 시간을 갖기 위해 아이들에게 질문을 던졌을 뿐인데, 아이들은 소수의 의견을 존중하면서 다수의 의견을 따라 합리적인 결론을 도출해내며 이미 자치를 하고 있었다. 민주주의와 민주시민 교육이 뭐 별건가? 교사가 할 일은 우선 아이들 스스로 해볼 기회를 갖도록 지원하는 것이다.

안전하지 않은 공간에서 놀고 싶은 아이들

오늘은 아이들과 운동장에서 놀기로 하였다. 아이들은 넓은 운동장에서 뛰어놀 생각에 몹시 흥분되는지 나가기도 전에 재잘재잘 이야기 삼매경에 빠져 있다.

교사 운동장에서 놀 때 지켜야 할 규칙에는 무엇이 있나요?
성민 선생님이 보이는 곳에서 놀아요.
가영 위험한 곳에 올라가지 않아요.
다빈 친구를 밀거나 다치게 하지 않아요.

서준 정해진 장소에서 놀아야 해요.

교사 운동장이 넓으니까 축구 골대 안쪽에서 놀고, 학교 운동장 스탠드는 위험하니까 절대 올라가면 안 되겠죠? 약속을 잘 지켜서 놀 수 있지요?

내 말이 끝나자마자 모두 힘찬 목소리로 "네." 하고 대답하더니 같이 놀이할 친구들을 정하고 쏜살같이 운동장으로 달려 나간다. 놀이가 시작되자마자 나는 미어캣처럼 이리저리 아이들을 살펴보았다. 그때 나의 레이더망에 한 아이의 모습이 눈에 들어왔다. 민준이가 멀리서 내 눈치를 보더니 슬금슬금 스탠드에 올라가기 시작한 것이다. 중간쯤 서서 뭐라고 외치는 모습이 아마도 아래에 있는 친구에게 올라오라고 말하는 듯하다. 아니나 다를까 민준이를 뒤따라 또 한 명의 아이가 계단을 올라간다. 몇 명의 아이는 축구 골대 그물에 엉켜 있는 모습이 포착되었다. 덕분에 나의 우렁찬 목소리가 오늘도 메아리가 되어 운동장에 울려 퍼진다.

교사 STOP! 내려와, 위험해.

운동장에 나오기 전까지만 해도 모범적인 답안을 잘 내놓던 아이들은 어디로 가버린 걸까? 바깥놀이를 나갈 때마다 반복되는 이 상황을 어떻게 해결해야 하나 고민이 되었다. '약속이 너무 많았나? 내가 일방적으로 안전을 강조해서 그러나?' 내 생각으로는 약속의 개수가 많은 것도 아닌 것 같았고 약속의 내용들은 안전한 놀이를 위해서 반드시 지켜야 할 것들이라고 판단되었다. 하지만 아이들이 알면서도 약속을 안 지키는 이유를 정확히 파악할 필요가 있었다. 나는 이 상황에 대하여 정식으로 우리 반 회의를 열기로 했다.

이제 막 글자를 조금씩 읽기 시작한 아이들은 칠판에 붙은 공고문에 호기심을 보이며 모여들었다. 공고문, 회의, 안건 상정 등 모두 어려운 말이지만 아이들은 단어의 뜻을 물어보며 이해하였고, 회의를 언제하는지 관심을 보였다.

회의 시간이 되자 행정실에서 빌려온 의사봉을 앞에 놓고 아이들이 볼 수 있게 전면 TV에 회의 안건을 띄웠다.

교사 우리 반 바깥놀이 약속과 관련해서 회의를 시작하겠습니다. 이것을 제안한 이유는 우리 반이 운동장에 나갈 때마다 스탠드나 축구 골대 그물 등 안전하지 않은 장소에서 놀이를 하기 때문입니다. 선생님은 한 사람인데 여러분이 운동장 곳곳에 흩어져 놀면 안전사고가 날 수 있습니다. 놀이할 때 운동장을 어떻게 이용할지 여러분의 의견을 듣고 싶습니다.

평소와는 다른 선생님의 말투가 어색하게 느껴졌는지 아이들은 킥킥거리며 웃기도 하였으나 곧 자기의 생각을 이야기하기 시작하였다.

성민 무궁화 꽃이 피었습니다 할 때 스탠드에 올라가야 친구들이 잘 보이고 올라가는 게 재밌어요.

민서 축구 골대 그물을 당기면 쭉 늘어나서 재미있어요.

민오 저는 축구 골대 그물에 다리가 걸려서 넘어졌는데 신발이 벗겨졌어요.

서준 나는 스탠드에 올라가다가 넘어져서 다쳤어.

민서 시원이랑 나는 안 다쳤는데.

다빈 스탠드는 초등학교 형님이 되면 가야지 너무 높아서 무서워. 조심해야지.

아이들은 각자의 경험을 자유롭게 이야기했다. 즐거웠던 경험, 다쳤던 경험뿐만 아니라 다칠 뻔했던 경험과 그때의 느낌까지 세세한 말들이 나오자 귀여운 얼굴이 진지해졌다. 아이들은 가장 잘 지켜야 할 약속부터 순차적으로 정했는데, 이렇게 정해진 약속들은 나의 예상을 다소 빗나갔다.

| 바깥놀이 할 때 지켜야 할 약속

• 스탠드 두 칸까지 올라가기

• 축구 골대 그물에 매달리지 않고 앞쪽에서 놀기

'스탠드 두 칸까지 올라가는 것이 약속이라고? 올라가지 않기가 아니고? 못 올라가게 하고 싶은데…. 두 칸 정도는 안전할 것 같기도 하고. 축구 골대에서 노는 것은 포기가 안 되나 보다. 그래도 그물에만 매달리지 않는다면 괜찮을 것 같기도 하고. 잘 지킬 수 있을까?' 아이들이 정한 약속을 듣는 순간 나의 머릿속엔 다양한 시뮬레이션이 펼쳐진다.

바깥놀이 약속을 안건으로 올렸던 나의 깊숙한 속내는 스탠드와 축구 골대의 위험성을 강조하여 아이들이 스스로 그쪽으로 가지 않겠다는 약속을 받아내려는 것이었다. 그런데 아이들은 나의 기대와 달리 놀이의 즐거움과 안전 사이에서 아주 훌륭한 해결 방안을 내놓았다.

바깥놀이 약속을 정한 후 운동장 풍경이 달라졌다. 스탠드와 축구 골대 곁에 가는 아이들을 향해 소리치던 나의 목소리는 잦아들었고, 횟수도 줄어들었다. '스스로 정한 약속'을 지키기 위해 아이들이 노력했기 때문이다. 이 일을 계기로 나는 축구 골대와 스탠드에서 발생할 수 있는 안전사고의 공포에서 벗어날 수 있었고, 덤으로 바깥놀이에 대한 아이들의 생각까지 알 수 있었다.

유치원 아이들의 학급 자치 이야기

폭력적인 소재의 놀이와
아이들의 선택

때는 바야흐로 '오징어 게임'이 전 세계 문화계의 뜨거운 감자였던 어느 날, 등교 맞이로 분주한 현관에 오징어 게임 의상을 입은 민영이가 입으로 Self BGM을 울리며 등장했다.

교사 오~, 민영이~. 오징어 게임 옷 입었어?

민영 선생님, 이거 알아요? 오징어 게임 옷이에요. 엄마가 사줬어요.

아이는 내가 자기 옷을 알아보자 한껏 어깨를 으쓱거렸다. 사실 나는 오징어 게임이 방영된 초기에는 별 관심이 없었다. 연일 유튜브에 패러디가 쏟아지고 오징어 게임이 뉴스 헤드라인까지 등장하자 대화를 따라가지 못하는 젊은 꼰대가 되기 싫어 슬그머니 넷플릭스에 접속했다.

결과는 오징어 게임의 승리였다. 나는 뻑뻑해진 눈을 치켜뜨고 동이 터올 때까지 욕망으로 일그러진 인물들의 살벌한 동심 놀이에 몰입했다.

어찌 되었건 아침에 만난 민영이의 모습이 재미있어 한참 웃었다. 그때는 이것이 잠시 스치는 유행이려니 생각하고 말았다. 그런데 그날 이후 유치원에는 하나, 둘 오징어 게임 의상이 늘어났고 곧이어 가면까지 갖춘 완벽한 코스프레가 등장하면서 내 심경은 복잡해지기 시작했다. 이 상황이 예상을 깨고 겨울왕국 엘사 옷처럼 상당히 오래 지속될 것 같은 데다 청불 등급의 드라마에서 나온 것이라는 점이 염려스러웠다. 날이 화창하던 어느 아침, 우리 반 아이들과 운동장 귀퉁이에서 신나게 놀던 중이었다.

승유 무궁화 꽃이 피었습니다!

도경 (손가락으로 총 모양을 만들며) 456번 빵야! 너 움직였다, 죽었어!

동화 아냐! 나 안 움직였거든!

술래를 하던 승유가 갑자기 총을 쏘는 흉내를 내며 오징어 게임 속 '무궁화 꽃이 피었습니다'를 시연했다. 갑작스럽게 규칙이 변경되었는데도 다른 아이들은 천연덕스럽게 오징어 게임 버전으로 놀이를 변형해 이어갔다. 해맑은 웃음소리가 한껏 울려 퍼지는 운동장에서 웃고 있지 않은 사람은 나 혼자였다. 19금 드라마에 나오는 게임 룰을 세 살 아이들이 대체 어떻게 알았는지 놀랐다. 교사로서 걱정스러운 마음이 커지기 시작했다.

　그날 이후로 나는 진돗개에 버금가는 청력을 갖게 되었다. 놀이하는 아이들의 대화를 유심히 듣다 보니 오징어 게임에 나오는 어휘와 규칙들이 종종 등장한다는 사실을 알았다. 아이들의 놀이를 교사가 미리 걱정하고 금지하면 오히려 비밀놀이로 번질지 모른다는 생각에 일단 지켜보았다. 다만 폭력성이 과하게 드러난다 싶을 때는 아이들의 관심을 다른 놀이로 돌렸다. 그러나 학급의 대다수 아이가 오징어 게임을 자주 놀이와 대화 주제로 삼게 되자 더는 두고 볼 수 없었다. 아이들이 놀이할 때마다 누군가가 쓰러지고 다치는 처참한 교실이 홀로그램처럼 머리에 떠올랐기 때문이다.

너희가 시청 연령 등급을 알아?

　아이들에게 오징어 게임에 대한 나의 염려를 어떻게 전달할까 고민을 하던 중, 이것이 나만의 고민은 아닐 거라는 생각에 동료 교사들과 이야기를 나누었다. 생각보다 의견은 다양했다. 어떤 교사는 잠깐 하다가 사라질 유행이니 그냥 안전하게 놀도록 지도한다고 했다. 반면 다른 교사는 과격하고 파괴적인 소재라 놀이를 못 하게 막았다고 했다. 교사마다 생각이 달랐지만, 어떤 방법이 옳다, 그르다 할 수 없는 문제였다. 이 의견도 일리가 있는 듯, 저 의견도 나쁘지 않은 듯 동료들의 말을 들을 때마다 내 귀는 팔랑귀가 되었다.

왔다 갔다 하는 마음을 정할 수 없어 차라리 아이들과 직접 이야기해보기로 했다. 아직 나이가 어리니 이런 문제로 함께 이야기한들 뚜렷한 답이 있겠냐는 회의감도 들었지만, 그래도 놀이하는 당사자가 우리 반 아이들이라 결국 아이들과 결론을 내야 했다.

교사 애들아, 혹시 만화나 영화를 볼 때 이런 숫자가 나오는 걸 본 적이 있니?

유아 앗! 영화볼 때 나온 거다.

교사 이 동그라미 안에 있는 숫자가 무슨 뜻인지도 알아?

막상 숫자의 의미를 묻자 아는 아이는 없었다. 게다가 유치원에서 교사들은 모두 교육용 영상을 사용하므로 관람 등급 표시에 특별히 신경을 쓸 필요가 없었으니 나도 아이들에게 이런 숫자를 알려준 적이 없었다. 나는 이것이 방송을 볼 수 있는 최소한의 나이를 표시하는 숫자라고 알려주었다. 그리고 '신비아파트', '라바' 등 아이들이 좋아하는 애니메이션의 시청연령등급을 알아보았다. 이윽고 그날의 하이라이트! 오징어 게임의 시청연령등급을 함께 확인했다.

교사 오징어 게임은 19라고 적혀 있네. 우리 반 친구들이 오징어 게임을 보려면 몇 살 더 먹어야 하지요?

승유 음…. 큰 형만큼 어른이 되어야 해요.

유치원 아이들의 학급 자치 이야기

동화 일, 이, 삼, 사… 십, 십일… 십구. 많이요.

아이들 입장에서는 까마득히 나이를 먹어야 볼 수 있는 드라마였다. 충격이었는지 심각한 얼굴로 한참 자기들끼리 이야기를 나눴다.

도경 야, 오징어 게임이 어른들만 볼 수 있는 거래.

지영 우리 엄마가 어린이는 이거 보면 안 된다고 알려줬어.

민하 그런데 우리 언니는 오징어 게임 봤는데. 나도 언니한테 배웠어.

지민 우리 그럼 신비아파트도 못 보는 건가? 우리 엄마는 언니랑 보라고 했는데?

동화 나는 누나랑 형이랑 다 같이 봤어. 이제 안 볼 거야.

나는 욕심을 위해서 사람을 다치게 하거나 죽게 만드는 폭력적인 내용을 담고 있는 드라마는 친구와 사이좋게 지내며 배려하고 존중해야 하는 마음을 먼저 배워야 할 우리에게 어울리지 않는 것 같아 염려스럽다고 슬그머니 본론을 꺼냈다. 아이들은 그동안 선생님이 오징어 게임에 대해 탐탁지 않아 했던 반응을 이해하는 듯했다.

유아를 위한 미디어 리터러시 교육

그동안 재밌게 보았던 만화를 볼 수 없다는 것인가? 대화의 주제는 어느새 좋아하는 만화를 보지 못한다는 걱정으로 바뀌어버렸고, 아이들의 귀여운 걱정에 나는 부모님이나 어른이 허락하고 함께 보는 것은 괜찮다고 알려주었다.

최재붕 교수는 요즘 아이들을 두고 태어나면서부터 핸드폰을 손에 쥐고 태어난 신인류 '포노 사피엔스'라고 했다. 스마트폰이 발명되면서 우리의 생활은 온종일 미디어로 채워져 있고, 코로나19 시대가 겹치면서 영아들까지도 미디어에 과도하게 노출되었다. 자연스레 유아들의 미디어 중독에 대한 사회적인 우려가 커지고 있다. 이제까지 나는 아이들에게 '텔레비전은 시간을 정해놓고 보세요.', '눈이 나빠지니 조금만 보세요.'라며 내가 미리 가이드라인을 제시했었다. 결과적으로는 옳을지 모르나 자발적 행동을 끌어내는 과정은 상실된 지시였던 셈이다.

토론 이후로 우리 반 놀이 풍경은 달라졌다. 오징어 게임 흉내가 점차 사라지기 시작한 것이다. 오징어 게임 흉내를 내다가도 서로 주의하며 자연스레 소꿉놀이나 캠핑놀이로 넘어갔다. 오징어 게임을 주제로 한 번 더 토론의 시간을 가져보려 했었는데 그럴 필요가 없을 정도로 빠르게 자체 정리가 되었다. 아이들이 선호하는 미디어에 대해 스스로 점검해보게 되었는지 아니면 오징어 게임의 열풍이 사라지면서 아이들의 관심도 자연스럽게 줄어들었는지 정확히 이유는 알 수 없었지만, 어쨌든 놀이를 바라보는 나의 마음이 편해진 것은 사실이다.

바깥놀이 동상이몽

화장실에서 펼쳐지는
그들만의 세상

빰빠바밤 빰빠밤 따라라~ 빰빠바밤~ 오늘은 기필코 누군지 찾아
내리라! 난 지금 '미션 임파서블'의 톰 크루즈가 되어 중요한 임무를 수
행하고 있다. 살금살금 고양이 걸음으로 다가가 복도 화장실 옆 벽에
몸을 바짝 붙이고 문 안으로 고개를 넣었다 뺐다 반복하며 5분째 잠
복근무 중이다.

| 2분 전 우리 반 상황

성준이가 교실 밖으로 조용히 나간다.

민혁이도 말없이 조용히 나간다.

민서는 자기가 만든 작품을 가방에 넣겠다면서 조용히 나간다.

나도 조용히 아이들을 뒤따라 나간다.

무슨 일인데 이렇게 아이들 뒤를 따라다니며 염탐 중이냐고? 요즘 매일같이 화장실에 남아 있는 범행의 흔적 때문이다. 여러모로 실마리를 찾아보았지만, 아직 범인을 찾지 못했다. 대체 왜 그들은 나의 눈을 피해 가며 화장실에서 노는 것일까? 지금부터 화장실에서 펼쳐지는 그들만의 세상을 밝혀보고자 한다.

교사 화장실에서 물 적신 화장지를 뭉쳐서 거울에 붙인 사람은 손들어 봐.

아이들 ….

교사 기회는 한 번이야. 지금 말하면 이번엔 그냥 넘어가 준다.

아이들 난 안 그랬는데요.

아이들 저도요. 난 안 했어요.

현장에 증거가 확실하게 있는데 항상 범인은 없다. 어제와 다름없이 아이들은 모두 안 했다고 이구동성으로 외친다. 해마다 그렇듯 날씨가 점점 더워지는 때가 되자 화장실 안에서는 놀이 아닌 놀이가 진행 중이다. 아이들에게는 재미있는 놀이지만 교사에게는 용인하기 힘든 놀이, 나와 아이들 간에 서로 팽팽한 눈치 보기가 이어지고 있었다. 그러던 어느 날, 제보가 들어왔다.

민영 (귓속말로 속닥속닥) 선생님, 지금 화장실에서 선우가 장난쳐요.

교사 (오늘 날 잡았다. 드디어 현장을 목격하겠구나.)

나는 우사인 볼트보다 빠른 속도로 화장실로 향했다.

교사   선우, 지금 뭐 하고 있지? 거울에 붙은 화장지, 이거 선우 작품이니?

선우   아니에요. 나 아니에요. (곁눈질로 내 눈치를 보더니 잠시 후) 네.

교사   여기 세면대에 거품도 가득 들어 있는데.

선우   그건 진짜 나 아니에요. 상민이랑 이현이가 했어요.

교사   (오호, 줄줄이 사탕이네, 누구 소행인지 다 찾았다.) 그래? 교실에 들어가서 같이 이야기 좀 해볼까?

선우가 고개를 푹 숙이며 교실로 따라 들어온다. 나는 화장실에서 일어나는 의문의 사건에 대해 아이들에게 브리핑하기 시작했다.

교사   화장실에서 의문의 사건이 일어났다. 지금부터 선생님이 몇 가지 사건을 이야기하려고 한다.

| 화장실 사건 번호 1

사건 내용: 화장실 거울에 붙어있는 의문의 화장지들

증거 사진: 거울에 더덕더덕 화장지가 붙어있는 사진

| 화장실 사건 번호 2

사건 내용: 거품 가득한 세면대

증거 사진: 거품이 가득한 세면대와 주변에 물이 넘쳐 있는 모습의 사진

| 화장실 사건 번호 3

사건 내용: 문이 잠긴 화장실

증거 사진: 화장실 문을 안쪽에서 걸어 문이 안 열리는 모습의 사진

태양 크크크크, 선생님, 형사 같아요.

태양이의 한마디에 선생님에게 쓴소리를 들을까 봐 잔뜩 긴장하고 있던 아이들의 얼굴이 살짝 펴지는 듯하다. '사고 친 녀석들이 낯도 좋다. 그래, 원래 몰래 먹는 떡이 맛있는 법이란다. 그래도 그렇지, 이렇게 선생님 애를 먹이니 재밌냐?'

꼰대 선생님의 이유 있는 호소

왜 화장실에서 노는지 묻는 나의 말에 아이들은 그냥 재미있어서 그랬다고 아주 쉽게 대답했다. 본능에 충실한 대답이었다. 그러나 재미있다고 아이들의 의견을 모두 존중해줄 수는 없었다.

교사 얘들아, 선생님 몰래 화장실에서 노는 거 안 했으면 좋겠어.

아이들 왜요?

교사 일단 물기가 있어서 미끄럽고, 또 너희들이 다칠까 걱정되고. 무엇보다 화장
실엔 세균이 많잖아. 그리고 선생님이 매일 매일 화장실에서 너희들을 감시하
면 너희들도 기분이 안 좋잖아.

혹여나 아이들이 미끄러질까 봐 하루에도 수십 번씩 걸레질하고
위생을 생각해 수시로 소독도 해서 방만큼 반짝반짝 빛나고 깨끗하다
지만 그래도 화장실이기에 위생과 안전을 들먹이며 아이들에게 호소해
본다.

교사 유치원은 우리 친구들이 즐겁게 지내는 곳이야. 그렇다고 모든 장소에서 놀
수는 없단다. 우리가 놀 수 있는 장소와 놀고 싶지만 놀면 안 되는 장소를 한
번 생각해보자.

아이들은 놀 수 있는 장소와 그렇지 못한 장소를 찾았고 왜 놀면
안 되는지 그동안의 경험을 발판 삼아 구체적인 상황을 재현해가며 이
야기를 하였다. 특히 화장실에서 했던 행동들을 모아보니 이렇게나 다
채로울 수가 없었다.

| 선생님 몰래 하는 즐거운 놀이 - 화장실 편
• 화장실 문에 매달리기

- 화장실 거울에 물 묻힌 화장지공 던져서 붙이기
- 세면대에서 비누 문질러 거품 많이 만들기
- 남자 소변기에 올라가기
- 바닥에 엎드려 화장실 문 아래로 안쪽 들여다보기
- 화장실 문밖에서 안쪽 걸쇠 걸기

오호라, 소변기 위에도 올라간단 말이지? 신나게 썰을 풀어대는 아이들 덕에 그들만의 비밀스러운 화장실 놀이가 모두 적나라하게 드러나고 말았다. '나 몰래 화장실에서 이렇게 많은 일을 하다니 진짜 능력자들이다.' 아이들 이야기를 들으면 들을수록 화가 나기보다는 어이없어 웃음이 나왔다.

현중 선생님, 왜 웃어요? 선생님도 우리같이 장난쳐봤어요?

사실 나도 어릴 때는 얌전한 말썽꾸러기였다. 하늘을 나는 상상을 하며 학교 구령대 위에서 우산을 펼쳐 들고 어른들 몰래 뛰어내리기도 하고, 타잔이 될 거라고 치마를 입은 채로 큰 나무만 보면 거꾸로 매달리기와 나무타기를 했었다. 그랬던 내가 지금은 이렇게 아이들 앞에서 개구리가 올챙이 시절 생각 못하듯이 '그건 안 돼.'를 외치는 꼰대 선생님이 되어 있는 것이다.

그들의 세상에 나도 들어가볼까?

오후 시간을 운영하려면 화장실 정리부터 마무리해야 했다. 방과 후 과정 선생님에게 SOS 신호를 보내고, 오전에 벌어진 다이내믹했던 일에 대해 전달한 후 나는 화장실로 향하였다. 누구의 소행인지 밝혀내려는 마음이 앞서 화장실을 자세히 살펴보지 못했었는데 천장과 벽에 이어 바닥까지 정말 가관이었다. '여기저기 많이도 붙여놨네. 저긴 또 어떻게 붙였지?' 화장실 천장 귀퉁이에 붙은 화장지를 보니 놀랍다 못해 신기하기까지 했다.

의자를 딛고 올라서야만 떼어낼 수 있는 위치에 붙은 화장지까지 벅벅 긁고 나니 갑자기 오기와 호기심이 생겼다. '그래, 너희들만 할 수 있냐? 얼마나 재밌는지 나도 한번 해보자.' 모아놓은 화장지를 거울을 향해 힘껏 던진다. 철썩! 뭉개진 화장지가 거울에 붙으면서 사방으로 물방울이 흩뿌려졌다. '어라, 이거 스트레스 풀리고 꽤 재밌네. 이 맛에 화장지를 거울에 붙이는구나.' 거울에 화장지가 착착 달라붙으니 습하고 무더운 날 화장실을 치우며 쌓인 짜증이 사라지고 동심으로 돌아가는 느낌이다. '차라리 아이들이랑 해볼까? 자동으로 감시도 되고 놀이도 하고 일석이조인데. 매일 하는 것도 아니고 하루 잠깐이면 뭐…' 거울 속에는 '안~돼.'만을 외치던 꼰대 선생님은 사라지고 어릴 적 개구쟁이 얼굴을 한 사십 대 중반의 어른이 씨익 웃고 있다.

유치원 아이들의 학급 자치 이야기

교사 진짜 궁금해서 물어보는 거야. 화장실에서 화장지 던지는 거 재밌니?

소연 네. 엄청 재미있어요. 근데 너무 크게 뭉치면 잘 떨어져요.

교사 그럼 얼마나 크게 뭉치면 되는데?

윤채 (손을 둥그렇게 모으면서) 이만큼요, 이게 제일 잘 붙어요.

교사 선생님이랑 시합할래?

아이들 (놀란 눈으로) 진짜요? 선생님이랑 같이해도 돼요?

윤채 언제요? 지금이요? 지금 해요.

교사 대신 선생님이 안 보이는 곳에서 아무 때나 하면 안 되고, 하고 싶은 날은 함께 정해서 선생님도 같이하기. 왜 그런지는 우리 친구들이 이야기했으니까 잘 알지?

'이왕 하는 거 재미있게 놀아보자.' 아이들과 나는 신이 나서 화장지를 던졌다. 그리고 우리는 거울에 더덕더덕 붙은 화장지를 보며 마음껏 웃었다. 반대할수록 애정이 더 깊어지는 현상을 '로미오와 줄리엣 효과'라고 했던가? 반면 멍석을 깔아주면 안 하는 게 또 사람 심리다. 못 하게 할 때는 내 눈을 피해 열심히 하더니만 공개적으로 몇 번 놀고 나니 더는 비밀스런 놀이가 아니라 그런지 물 묻힌 화장지 투척 놀이는 슬그머니 사라졌다. 더불어 화장실 톰 크루즈도 은퇴했다. '로미오와 줄리엣보다 조상님 지혜가 센데!'

교사 화장실에서 하는 것은 놀이일까, 아닐까?

아이들　아니에요. 그런데 선생님이랑 같이하면 놀이를 할 수도 있어요.

교사　화장실에서 하는 비누거품 놀이는 어떻게 할까?

민채　선생님, 우리 밖에 나가서 비눗방울 놀이랑 비누거품 놀이 해요.

교사　그럴까? 비눗방울 놀이는 밖에서 해야 제맛이지.

　내일은 아이들과 밖에 나가 비눗방울 놀이를 하려고 한다. '거품을 낼 수 있는 큰 통이 어디 있더라. 창고에 있나? 얘들아, 우리 같이 해보자. 같이하면 재미있는 놀이가 되고, 생각을 바꾸면 새로운 놀이가 되는 것을 무조건 안 된다고만 하니 너희들은 얼마나 답답하니?' 화장실에서 펼쳐지는 그들만의 세상에 발을 들여놓고 보니 나도 같은 편이 된 것 같아 왠지 즐겁다. 일방적인 소통이 아니라 서로의 편에서 생각하고 타협점을 찾아가는 이 순간 역시 자치를 향해 한 걸음 다가가는 과정이 아닐까 생각을 해본다.

재미냐, 안전이냐 그것이 문제

삐~융! 쓰~웅! 뾰~옹! 콰~당! 이게 무슨 소리지? 온갖 다양한 소리가 난무하고 있는 복도. 아이들과 나는 우당탕 소리에 이끌려 교실 창문으로 다가갔다. 복도로 고개를 내미는 순간, 내 앞으로 무언가 훅 지나간다. 눈 깜짝할 사이 벌어진 일에 당황한 나는 황급히 복도를 훑었다. 긴 복도에는 빨간색, 노란색, 알록달록 무지개색 온갖 색상의 비행기가 사방으로 널려 있었다.

옆 반 아이들의 비행기 놀이가 한창이었다. 벌써 삼 주째 비행기 놀이를 하고 있다. 처음에는 복도에서 노는 아이가 한두 명에 불과하더니 오늘은 뭔가 신나는 일이 더 생겼는지 평소보다 소리가 우렁찼다.

교사 선생님, 오늘은 평소보다 복도에서 노는 아이들 소리가 크던데 새로운 일이 있었어요?

꽃잎반 교사 상당히 시끄러웠죠? 오늘은 아이들이 복도뿐만 아니라 계단에서도 비행기를 날렸거든요.

교사 계단이요? 계단에서 놀았다고요?

꽃잎반 교사 네, 계단 위에서 비행기를 날려서 누구 것이 가장 멀리 착륙하는지 시합했어요.

계단에서 놀았다는 말에 자동적으로 신경이 예민해졌다. 나는 계단에 대한 트라우마가 있다. 신규 교사 시절 체육활동을 하려고 3층 강당에 올라가던 중 철호가 계단에서 넘어져 이마를 심하게 다친 일이 있었다. 내가 함께 있었는데도 불구하고 아이가 발을 헛디뎌 일어난 사고는 나에게 심리적으로 큰 부담을 주었다. 철호는 이마를 여러 바늘 꿰맸고, 나는 그 이후부터 계단을 오르내릴 때마다 아이들에게 잔소리하다시피 안전을 강조했다. 손잡이를 꼭 잡아라, 한 계단에 한 사람만 올라서라, 앞사람과 거리를 두어라 등 계단 앞에만 서면 내 입에서는 반사적으로 속사포 같이 말이 터져 나올 수밖에 없었다. 가뜩이나 예민했던 계단이 아예 공포로 다가온 것은 내가 계단 턱에 발이 걸려 아래로 구른 이후부터다. 나에게 계단은 앉으나 서나 주의해야 할 장소일 수밖에 없었다.

이런 나의 심정을 알지 못하는 우리 반 아이들은 옆 반을 따라 비행기 접기 놀이에 몰입하기 시작했다. '조만간 복도에 나가 비행기를 날

유치원 아이들의 학급 자치 이야기

리자고 할 텐데…. 이러다 계단에서까지 날린다고 하면 나는 어떻게 해야 하지?' 그것만큼은 피하고 싶었다. 접혀가고 있는 아이들의 종이비행기 수만큼 내 마음은 점점 구겨지고 있었다.

누구를 위한 안전 지도인가?

바깥 놀이터 앞, 놀이 시작 전에 내가 꼭 하는 것은 안전 약속 상기시키기이다. 바깥놀이 때 지켜야 할 약속을 한창 이야기하고 있는데, 우리 반보다 늦게 나온 꽃잎반이 놀이터를 향해 질주하기 시작했다. 우리 반 아이들의 시선은 자연스레 꽃잎반 아이들을 따라 놀이터로 향했고, 꽃잎반이 놀잇감을 선점할까 봐 초조하여 발을 동동 구르기 시작했다.

아이들 선생님, 빨리 놀고 싶어요. 빨리 가요, 빨리.

교사 그래. 마지막 한 가지만 더 이야기하고 놀이 시작하자.

찬형 애들이 벌써 놀아요. 얼른 가요.

마지막 약속을 말하기가 무섭게 아이들은 놀이터를 향해 폭주 기관차처럼 질주하기 시작했다. 아이들이 뛰어놀기 시작하면서 내 눈은 쉴 새 없이 좌우로 돌아간다. 실내보다 훨씬 넓은 공간이라서 혹여 안전사고가 일어날까 이리저리 살피느라 눈이 아플 지경이다. 아이가 넘어지기라도 하면 반사적으로 몸이 움직였고, 어떨 때는 넘어지기도 전에 도착해서 균형을 잃은 아이 팔을 잡았다. 마침 사방으로 뻗친 내 레이더에 자전거 길이 아닌 다른 길로 신나게 페달을 밟고 있는 꽃잎반 아이가 포착되었다. 출동, 삐뽀삐뽀~.

교사 친구야, 여기는 자전거 길이 아니야. 위험하니 어서 자전거 길로 가세요.

꽃잎반 아이 네? 우리 반은 선생님이 여기로 다녀도 된다고 했어요.

교사 (꽃잎반 선생님이 허락했으니 내가 뭐라 할 수도 없고…) 그래? 그럼 조심히 다녀요. (이게 무슨 일이야? 멀쩡한 자전거 길 놔두고 왜 길이 아닌 데로 다니지? 우리 반 아이들은 자전거 길로 잘 다니고 있는데… 가 아니구나. 이것 봐, 벌써 따라쟁이가 생겼어.) 정우야!

정우 (타고 가던 자전거를 멈추고 내 눈치를 본다.)

교사 (목소리 톤 깔고) 정우. 지금 어디로 가는 거지요? 자전거 길이 아닌 것 같은데….

정우 (꽃잎반 친구를 가리키며) 저기 저 친구는 가는데요. 왜 우린 안 돼요?

교사 (목소리 톤 더 깔고) 우리 반 약속 잊었나요? 자전거는 자전거 길에서만 타기로 했지요? 그리고 세 번 타고 내려오는 게 약속이었지요? 다른 친구들이 출발선에서 기다리고 있어요.

정우는 할 말이 더 있는 듯했으나 삐죽 나온 입을 꾹 다문 채 말없이 자전거 길로 돌아갔다.

유치원 아이들의 학급 자치 이야기

바깥놀이가 끝난 후 교실로 들어가는데 많이 못 놀았다는 아이들의 투덜거림이 이곳저곳에서 들렸다. 반면, 꽃잎반은 신이 났는지 웃음꽃이 만발해서 교실로 들어가고 있었다. 오후에 교무실에서 만난 꽃잎반 선생님에게 자전거 길에 관해 물었다.

교사 꽃잎반 아이들은 자전거를 탈 때 자전거 길이 아닌 곳에서도 타나요?

꽃잎반 교사 네, 아이들이 자전거 길이 너무 짧아서 재미가 없다고 하길래 함께 이야기한 후 정자가 있는 곳까지 자유롭게 타기로 했어요.

도대체 어떤 게 우선이어야 할까? 재미일까, 안전일까? 그래도 재미보다는 안전이 중요하지 않을까? 혹시라도 아이가 다치게 되는 상황이 일어나는 것이 싫고, 아무리 지도를 했더라도 내가 부족해서 사고가 난 것 같은 죄책감이 드는 게 싫다. 학부모 민원을 처리하면서 마음이 힘든 것도 피하고 싶다. 이게 나의 솔직한 심정이다. 나만 이런 고민을 할까?

낭만샘 안전을 아무리 강조해도 다치는 상황은 피할 수 없어요. 아이들을 자세히 보면 스스로 자신의 몸을 조절하며 놀 줄 알아요. 그래서 저는 놀이에 방해가 될 정도로 안전을 강조하지는 않아요.

해피샘 얼마 전, 아이와 생태 놀이터에 다녀왔어요. 처음에는 위험한 요소들만 가득 보이더라고요. 큰 돌, 구릉, 징검다리 뭐 하나 안전한 게 없고 놀이기구까지 없어 휑하다고 생각했죠. 그런데 아이는 진짜 신나게 놀더라고요. 그네나 미끄럼틀이 있는 곳보다 재미있대요. 뛰고 달리고 굴러도 부딪혀 다칠 것이 없어서 맘껏 놀았어요. 약간의 찰과상이 있었지만, 그네에서 떨어지는 것보단 안전하다는 생각도 들었어요.

팩폭샘 바깥 놀이터에 놀러 나갔는지, 교통안전 규칙에 관한 활동을 하러 갔는지 구분해야 할 것 같아요. 위험한 상황이 아닌데 선생님이 자꾸 안전에 대해 지적하면 역효과가 나지 않을까요? 그리고 한 공간에서 놀이하는 아이들에게 교사마다 도전을 허용하는 범위가 다르면 아이들은 몹시 혼란스러울 것 같아요.

꼬꼬무샘 세월호 사건 이후로 안전을 강조하게 되었지만, 사실 따지고 보면 정말 급박한 상황에서 살아남는 사람들은 문제를 해결하려고 본능적으로 행동하는 사람들이에요. 안전 약속을 따라 읊어도 놀이터에서 그대로 실천하는 아이가 있나요? 아이들은 긴장감을 즐기고 한계에 도전하면서 스스로 깨우쳐요. 안전도 중요하지만, 잔소리처럼 들리는 이야기를 좋아하는 아이는 없을 것 같아요.

이야기를 듣고 나니 아이들의 원망 섞인 표정이 다시 생각났다. 분명 아이들의 얼굴에는 규칙만 지키느라 제대로 놀지 못했다는 불만이 가득했었다. 나는 아이들의 심정에서 상황을 돌아보게 되었다. 그리고 옆 반과 자전거를 타는 순서나 운행경로를 정할 때, 자전거를 타는 아이들과 술래잡기를 하는 아이들이 서로 침범하지 말아야 할 경계선을 정할 때 등 노는 동안에도 충분히 아이들끼리 안전 약속을 정할 수 있는 상황이 있었는데도 내가 나서서 상황을 모두 정리해버렸다는 것을 깨달았다.

나의 안전관이 쉽게 바뀌지 않겠지만 오늘 대화를 통해 얻은 게 컸다. 안전은 교사가 전달해서 깨닫게 되는 것이 아니라 아이들이 스스로 자신을 보호하는 방법을 알 수 있도록 함께 노력해야 한다는 것이다. 덕분에 나는 하나의 마지노선을 정하게 되었다. 앞으로 안전을 강조할 때 아이가 스스로 대처할 능력을 갖추게 돕기 위해선지, 아니면 아이가 다치는 게 싫은 내 마음이 먼저인지 생각해볼 것이다.

선생님도 화장실 갈 시간이 필요해!

유치원 아이들의 학급 자치 이야기

놀이 중 발생한
점유권 분쟁

붉은 태양이 떠오르고 사바나의 아침이 시작된다. 저 멀리서 매의 눈으로 지켜보던 준이는 민우가 화장실 간 틈을 노려 표범보다 더 빠른 속도로 돌진한다. '어~어~, 오 마이 가~앗. 민우가 화장실 갔다 오면 한바탕 난리가 나겠는데.'

민우 내 장난감이 어디 갔지? 누가 내 장난감 가져갔어?

준이 (저 멀리 구석으로 가서 모른 척하고 놀고 있다.)

민우 선생님, 나 화장실 갔다 왔는데 내가 놔둔 장난감이 없어졌어요.

매일 아침 시작되는 자유놀이 시간은 아름답지만 냉혹한 약육강식의 사바나 초원을 연상케 한다. 아이들이 노는 모습은 너무나 예쁘고 사랑스럽지만, 사자가 먹잇감을 사냥하듯 친구가 가지고 놀던 장난감을 노려 항상 작은 소음이 발생하곤 한다.

교사 준이야, 친구가 가지고 놀던 장난감인데 돌려줘야지.

준이 나도 이거 가지고 놀고 싶은데요.

교사 똑같은 장난감 여기에도 있는데 왜 민우 거 가지고 놀려고 해?

준이 색깔이 다른데요.

남의 떡이 더 커 보인다는 옛 속담은 어쩜 이렇게 딱 맞는 표현인지 선조들이 존경스러운 순간이다. 양보와 배려가 잘되지 않는 세 살 아이들은 똑같은 장난감이 있어도 이런저런 핑계를 대며 다른 친구의 장난감을 탐한다.

장난감 앞에는 세 가지 유형의 아이들이 존재한다. 내가 양보한다는 나눔의 아이콘이자 조화를 중시하고 인화를 이루는 데 능한 친선도모형, 유치원에 있는 장난감은 모두 자기가 접수한다며 원하는 것은 어떠한 이유라도 갖다 붙여서 얻어내고야 마는 불도저형, 장난감을 가지고 놀던 친구가 여기 없으니 이제부터 이건 내 것임을 주장하는 상황 적응이 뛰어난 임기응변형.

불도저형인 준이가 나의 말에 마지못해 민우에게 장난감을 돌려준다. 이런 모습을 지켜보던 유미가 성준이에게 무엇인가를 부탁하고 화장실에 간다.

유미 성준아, 나 화장실 갔다 올 거니까, 내 장난감 지키고 있어. 빨리 갔다 올게.

성준 응, 내가 지키고 있을게.

그러나 놀이 삼매경에 빠져있던 성준이는 유미의 부탁을 곧 잊어버렸고 급기야는 그 자리에서 이탈하여 저 멀리 다른 놀이 장소로 가버렸다. 그때 누군가가 휙 지나간다. '어~어~ 에휴, 우리 유미도 곧 나한테 오겠군.'

유미 성준아, 내 장난감 지켜주라고 했잖아.

성준 (이제야 생각난 듯 유미를 쳐다본다.) 아, 맞다!

유미 선생님, 내가 만들어놓은 장난감 다 부서졌어요. 인형도 없어요. 이~잉.

눈치 빠른 민준이가 잽싸게 나에게로 다가와 공룡, 소방차, 전화기, 인형 등 장난감을 한 아름 안겨주며 맡아달라고 한다. 교실을 돌아보니 아이마다 손에 들 수 없을 만큼 많은 장난감을 바구니와 가방, 카트에 담고 있었다. 놀고 있는 세 살 아이들에게 온화한 말로 양보와 배려를 설명하며 놀잇감을 적당히 나누어 쓰라고 해봐야 안 통한다. 일단 비상소집을 해본다.

'내가 가지고 노는 건 다 내 거야!'
점유권을 주장하는 아이들

교사 얘들아, 친구의 장난감을 마음대로 가져가거나 무너뜨리면 그 친구는 마음이
      어떨까?

민우 자꾸 준이가 내 장난감 가져가요.

유미 민이가 하지 말라고 해도 자꾸 손으로 치고 가요.

소이 수인이가 다 자기 거라고 해요.

수인 내가 가지고 노는 건 다 내 거야.

소이 네 거 아니야. 내 거야.

교사 (네 것도 내 것, 내 것도 내 것, 놀부들이 타임머신을 타고 떼로 몰려왔나?)

놀잇감을 뺏긴 친구의 마음을 헤아려보는 시간을 가져보려고 한
건데 자기중심성이 넘쳐흐르는 이 아이들은 자기의 억울함을 호소하느
라 내 질문은 안중에도 없다. 심지어 내가 가지고 노는 것은 다 나의
것이라며 점유권까지 주장하고 있었다. 표현력과 경험이 부족한 세 살
아이들에게는 친구에게 적절하게 말하는 방법까지 지도해야 할 때도
있다. '얘들아, 양보까지는 바라지도 않을게. 친구에게 빌려달라고 말만
이라도 해주렴.'

교사 친구가 가지고 놀던 장난감을 가지고 놀고 싶을 때는 '친구야, 나 장난감 빌

려줄래?'라고 부탁을 해보자. 그리고 장난감을 서로 많이 가져가면 놀 수 없으니까 내가 가지고 놀지 않을 때는 친구에게 양보도 해주면 진짜 멋있을 거 같아. 우리도 이제 양보도 할 수 있을 만큼 자랐잖아? 할 수 있지?

아이들 맞아요. 우리는 언니, 오빠예요. 이젠 아가 아니에요.

이제는 아기가 아니라서 양보할 수 있다던 아이들에게 많은 기대를 하진 않았었는데 한동안은 가르쳐준 대로 말도 예쁘게 하고 양보도 하는 아름다운 모습을 연출하였다. '역시 세 살 아이들은 순수해. 가르치기 나름이라니까.' 그런데 평화도 잠시였다.

준이 네가 양보해.

수빈 싫어. 나 아직 놀고 있잖아.

준이 선생님이 양보하는 거라고 했잖아. 그 장난감 양보하라니까! 너 이제부터 점토 놀이 해.

방귀 뀐 놈이 성낸다더니 양보하라고 가르쳤더니만 반대로 양보를 강요하면서 화를 낸다. 아이들의 자기중심적 사고는 어디서든 빛을 발하는 것 같다. 2차 비상소집의 시간이 왔다.

나는 자료실에 있는 각종 인형을 꺼내와 상황극을 시작하였다. 세 살 아이들에게 감정이입 시키기에는 이보다 더 좋은 자료는 없을 것이다. 친구에게 양보했던 아름다운 이야기와 인성 동화 들려주기, 폭풍 칭찬 등 다양한 노력을 시도한 결과 아이들은 다시 새로운 아이들로 태어난 것처럼 양보와 배려가 넘치는 모습을 보여주었다. 그리고 시간이 지날수록 유치원에는 내가 좋아하는 장난감이 항상 있다는 것과 지금 당장 욕심을 부리지 않아도 친구가 곧 양보해준다는 것을 알아가고 있는 듯했다. 하지만 여전히 장난감이 고픈 하이에나들은 호시탐탐 기회를 엿보다가 친구가 잠시 자리를 비우는 틈을 타 급습을 하였다. '그럼 그렇지, 이 기회를 절대 놓칠 리가 없지.'

교사 친구가 잠시 장난감을 두고 간 것 같은데 왜 가져갈까?

유나 윤채가 인형이랑 안 놀아요.

설이 윤채가 점토 놀이하러 갔는데 장난감 가져갔다고 화냈어요.

윤채 아니야, 아기 인형에게 밥 주려고 잠깐 점토 가지러 간 거야.

서준 내가 빌려달라고 했는데 안 줘요.

교사 그러니까 친구가 장난감을 더 이상 안 가지고 노는 줄 알았단 말이지?

아이들의 말을 들으니 나름대로 일리가 있었다. 주인은 없고 장난감만 덩그러니 있으니 누구나 가지고 놀 수 있는 상황이다. 네 살만 되어도 눈치라는 것이 생겨 친구가 놀이 중인지 아닌지 구별할 수 있지만, 세 살 아이들에게는 딱 봐도 친구가 잠시 자리를 비운 이 상황을 알아서 고려할 수 있는 센스가 없었다. 사실 안다고 하더라도 내 눈에 꽂힌 장난감에 집중하느라 친구의 마음을 헤아리지 못할 것이다. 교사

유치원 아이들의 학급 자치 이야기

가 말한다고 원래 없는 눈치가 뚝딱 생길 수는 없으므로 뭔가 가시적인 방법을 마련해야 했다.

'나는 놀이 중이야.' 신사의 품격을 갖춘 아이들

교사 내가 놀고 있는데 친구가 장난감을 가져가면 기분이 어떠니?

지연 속상해요.

교사 놀이하던 곳에 친구가 없어도 놀이 중이라는 것을 어떻게 알 수 있을까?

유민 지금 저기서 놀고 있는데 왜 없어요?

교사 그러니까 쉽게 말하자면, 내가 화장실을 가거나 잠시 필요한 장난감을 가지러 갈 때 친구들이 놀이가 끝난 줄 알고 장난감을 가져가 버리잖아. 이럴 때 내가 없어도 놀이 중인 것을 친구들이 알게 하는 방법은?

유민 아~, 민준이한테 지키라고 할게요. 민준아, 내 장난감 지켜줄 거지?

교사 민준이가 없거나 놀이 중이면?

설이 민준이가 없으면 어떻게 하지? 음~ 잘 모르겠어요.

유나 우리는 잘 모르니까 형님들한테 물어보면 안 돼요? 형님들이랑 같이 이야기 해봐요.

교사 형님들? 맞아. 우리에겐 형님들이 있었지? 유나 말대로 형님 찬스를 써보자.

우리 반은 오전 교육과정 일과를 마치고 나면 오후 방과후 과정 시간은 네 살 형님들과 함께 지낸다. 형님들과 함께 지내며 도움을 받았던 유나는 형님들이라면 해결할 수 있을 거라고 생각한 것 같았다. 나는 형님들이 교실로 오자 오전에 있었던 동생들의 이야기를 들려주었다. 형님들은 나라라도 구할 것 같은 심각한 표정으로 토의를 하기 시작하였다.

| 네 살 형님들의 대화

민기 우리가 지켜줄까?

주원 우리도 놀아야지.

도형 장난감을 들고 다니라고 하면 되잖아.

시아 블록으로 만든 걸 어떻게 들고 다녀. 힘들지.

도형 이름을 붙여줄까?

시아 우리 이름 쓸 줄 모르잖아.

주원 선생님한테 이름표 만들어달라고 해서 장난감 위에 놓자.

민기 얘들이 이름 읽을 줄 알아?

도형 동생들은 글씨 못 읽으니까 이름표에 얼굴이 있어. 여기 가방 이름표 봐봐.

형님들은 우여곡절 끝에 얼굴 사진이 있는 이름표를 크게 만들어주는 것으로 결론을 냈다. 형님들이 마련한 해결책에 우리 반 아이들도 동의했다. '아이들이 잘 할 수 있을까? 방금 했던 일도 잊어버리는데.' 그런데 이 생각은 나의 기우였다. 자기의 장난감을 지키기 위함인지 아니면 새로운 놀이라고 생각한 건지 구분하기 어려웠지만, 아이들은 자리를 비울 때면 가지고 놀던 장난감에 이름표를 올려놓았고 그것을 본 다른 아이들은 친구의 장난감을 함부로 만지지 않았다. 그리고 필요한 장난감이 있을 때는 그 친구를 찾아가 "나 이 장난감 빌려줘."라고 정중하고 예의 바르게 부탁하는 신사의 품격도 보여주었다.

교사라고 해서 모든 것을 해결할 수 있는 마법의 약을 갖고 있지 않다. 아이들은 내가 아닌 한 살 더 많은 형님에게 도움을 요청했고, 일 년 더 먹은 짬밥은 그 밥값을 톡톡히 해냈다. 아이들도 주체를 가진 존재이다. 교사가 할 일은 아이들이 스스로 생각하여 결정할 기회와 시간을 주고 결정된 내용이 다소 허술해 보이더라도 일단 믿고 존중하는 것이다. 아이들이 주체적인 삶을 살아갈 수 있도록 길을 열어주는 것이 교사의 몫이므로. 당분간은 형님들 덕에 사바나의 아침에 평화가 올 것 같다.

아이디어
저작권 공유

꽃눈이 내린다. 샤랄랄랄라~. 자신들이 봤던 벚꽃 나무를 물감으로 표현하는 시간, 지성이가 있는 모둠에서 오늘도 어김없이 들려오는 소리.

민석 나 따라 하지 말라고. 내 것 보지 마!

지성 나 안 따라 했어.

민석 거짓말하지 마, 내가 회오리처럼 꽃잎을 그린 거 보고 따라 했잖아. 선생님, 지성이가 제가 그린 그림 보고 따라 해요.

교사 지성아, 민석이 그림 따라 하지 말고 지성이 생각대로 표현해보자.

지성이의 그림은 민석이가 그린 것과 정말 비슷했다. 내 말이 끝나자 지성이는 우리 반에 또 다른 지성이가 있다는 듯 '누구 이야기지?' 하는 표정으로 교실을 두리번거렸다.

친구들과 잘 어울려 놀던 아이도 자기의 생각을 표현해야 하는 활동을 하면 평소와 정반대의 태도를 보일 때가 있다. 친구가 자기 것을 따라서 그리는 게 너무 싫은지 필사적으로 작품을 온몸으로 가려 철통 보안에 힘을 쓴다. 아이들의 이런 모습을 보며 내 마음의 저울도 올라갔다 내려갔다 한다. '에고, 좀 따라 하면 어때? 잘하는 사람 뽑는 대회도 아니고 상을 준다고 한 적도 없는데. 모방은 창조의 어머니라는 말도 있잖아.'라는 마음과 '아니야, 계속 다른 사람이 한 것을 따라 하면 자기 생각이 없어지고 표현하는 능력도 향상되지 않아.'라는 마음이 갈등한다.

지성이처럼 자기 생각을 표현하는 활동에 유독 어려움을 느끼는 아이들이 있다. 자질은 충분한데 자신감이 없어 표현을 두려워하는가 하면, 잘하고 싶은데 표현 방법이 서툴러 다른 친구의 것을 본 후에야 시작하는 아이도 있다. 심지어 빨리 끝내고 놀고 싶어 주변 친구들 작품 중 눈에 띄는 아이디어를 삽시간에 베끼는 아이, 친구들이 어떻게 하고 있나 궁금해 시험 감독관처럼 주변을 돌아다니는 아이, 원작자에게 내 것까지 해달라며 얼굴에 철판을 깐 작품 의뢰인까지 다양하다. 그래서 표현활동 시간에는 이런 메아리가 울려 퍼진다. "선생님, 친구가 자꾸 나 따라 해요."

교사 얘들아, 왜 다른 친구 것을 보고 따라 해요?

석훈 따라 한 게 아니라 내가 생각해서 한 건데 자꾸 따라 했다고 선생님한테 이르니까 억울해요.

교사 (자기 아이디어를 뺏겼다고 항의하는 아이들을 향해) 다른 친구들이 내 것을 보고 따라 하면 기분이 어때요?

민석 너무 싫어요, 내가 힘들게 생각한 것인데 따라 해서 싫어요.

아영 내가 공주 그림 색칠하는데 친구가 똑같이 색칠하니까 싫었어요.

인서 선생님이 친구 따라 하면 생각주머니가 작아지니까 자기 생각대로 하라고 했잖아요.

나의 질문에 아이들은 각자 생각하는 바를 말했다. 프로 작가들이 표절에 대한 시시비비를 가리는 것처럼 서로의 주장이 팽팽하게 맞서며 억울함과 속상함에 북받쳐 우는 아이도 있었다. 아무래도 내가 친구를 따라 하지 말고 자기 생각을 표현하라고 자주 말해서 아이들이 이렇게 예민하게 반응하는 것 같기도 했다. 그런데 다른 사람을 따라 하는 건 무조건 나쁜 것일까? 나도 연수 자료나 SNS에 좋은 활동들이 있으면 참고해서 새로운 활동으로 재가공하기도 하는데….

나는 아이들에게 며칠 전에 자료를 만들 때 참고했던 블로그를 보여주며 화면에 보이는 것을 말해보라고 했다. 블로그 이름, 그림, 만드는 방법 등 아이들은 두서없이 눈에 보이는 것을 말했다. 드디어 '수정·재배포·공유 금지, 도안 사용 시 블로그 출처 남기기, 저작권으로 캐릭터는 공유할 수 없음'이라는 말이 나왔다. 아이들은 모르는 단어들에 대해 폭풍 질문을 했다.

교사 저작권은 생각, 감정, 느낌을 그림, 노래, 글, 음악 등으로 표현한 사람의 노력과 가치를 인정하고 만든 사람의 권리를 보호하는 것이에요. 다른 사람의 작품을 사용하려면 꼭 허락을 받아야 해요.

아영 선생님이 만들어준 OO핑 게임판에 아까 봤던 블로그 이름이 있었어요.

교사 블로그 주인이 출처를 남기라고 써놓았잖아. 그래서 선생님도 게임판에 블로그 이름을 써놓은 거예요.

민석 그러면 지성이도 저한테 따라 해도 되냐고 허락을 받아야 하는 거죠?

아이들은 저작권이라는 단어보다는 허락이라는 단어에 더 의미를 부여하면서 친구의 생각을 따라 하거나 참고하고 싶을 때는 물어보고 꼭 허락받아야 한다고 주장했다. 친구들이 자신의 작품을 따라 한 행동보다 허락을 받지 않고 마음대로 사용한 것에 기분이 더 상한 것 같았다. 다른 사람의 생각을 따라 하고 싶을 때는 먼저 허락받기. 우리 반에 새로운 약속이 생겼다. 우리는 자신의 노력을 존중받으며 좋은 생각을 공유할 수 있는 집단지성을 실천하기로 했다.

생각에 생각을 더하는 작전타임

여은 다른 모둠 친구들 거 보고 싶을 때는 어떻게 해요?

소정 친구들 모두 다른 친구 거 볼 수 있는 시간을 정하면 어때요?

아이들 그래요, 시간을 정해요.

민석 작품을 다 완성하기 전에 친구들 것을 보고 싶어요.

지성 저는 시작하기 전에 친구에게 어떻게 할 건지도 물어보고 싶어요.

그리하여 우리는 경기 중인 팀에게 작전이 필요할 때 사용하는 '작전타임'을 갖기로 정했다. 작전타임은 크게 두 가지 방법으로 운영된다. 첫째, 활동 시작 전 작전타임은 경기에 출전하는 선수가 포부를 밝히듯 작품을 어떻게 표현할지 친구들에게 설명하는 시간이다. 둘째, 활동 중 작전타임은 교사가 "작전타임!"이라고 외치면 아이들이 다른 친구들의 작품을 살펴보고 새로운 아이디어를 얻을 수 있는 시간이다.

따라서 작전타임은 외치는 타이밍이 중요하다. 만약 작전타임을 너무 빨리 외치면 아이들이 작업을 시작한 단계라 서로 주고받을 아이디어가 별로 없다. 반대로 너무 늦게 외쳐도 각자의 작품이 거의 완성된 단계에서 아이디어를 얻게 되므로 이제까지 만들어놓은 작품을 수정할 수 있는 폭이 좁다. 나는 몇 번의 시행착오를 겪으면서 아이들의 활동 진행 상황에 따라 작전타임을 외칠 적절한 타이밍을 포착하기 시작했다.

작전타임은 개별 활동뿐만 아니라 협동 활동에서도 이루어졌다. "이건 어떻게 만든 거야?", "여기 봐봐, 엄청 신기해!" 아이들은 서로의 작품을 편하게 감상하면서 좋은 생각을 발견하면 친구들에게 알려주기도 했다. 대놓고 감상하는 것이 허용되자 자기 것을 감추던 아이들의 태도가 변했다. 친구들이 자기 작품을 그냥 지나치면 "얘들아, 내 것도 봐봐, 나 멋지게 했어."라며 홍보하는 아이들이 나타났고, 친구들이 자기 것은 안 본다고 속상해하는 아이까지 생겼다.

작전타임이 지나면 아이들은 감상했던 작품들에서 영감을 얻었는지 활동에 더 진지하게 몰입했다. 작품감상 시간에는 원작자를 언급하며 고마움을 표현하기까지 했다. 그래도 끝까지 자기 것을 오픈하지 않으려고 하는 아이는 그 선택을 존중해주기로 했다.

자치를 하기 위해서는 서로의 생각을 공유하는 것이 필요하다. 아이들은 작전타임을 통해 갈등을 화합으로 바꿔내며 상대의 입장을 이해하게 되었다. 더불어 눈에 보이는 물건만 공유하는 것이 아니라 보이지 않는 지적재산도 공유할 수 있다는 사실도 경험하고 있었다. 이를 통해 자기 생각과 친구의 생각을 융합하여 새로운 결과물을 창조하고 마음껏 상상함으로써 사고의 지평을 넓혀나갔다.

그러나 미해결 과제는 여전히 남아 있다. 생각과 표현의 공유 대상을 특정 친구에게만 한정하는 아이들 때문에 상처받는 아이들이 생겼다. 보여주기 싫다고 말하는 아이에게 "친구의 마음이 아프니까 보여주는 게 어때?"라고 말하면 선생님이 상대 친구를 더 좋아한다고 오해한다. 반대로 거절당한 아이에게 "선생님이 여러 번 말해봤는데 그 친구가 싫다고 하니 어쩔 수 없을 것 같아."라고 말하면 상처받은 자기 마음도 몰라준다고 속상해한다. 존중과 배려는 강요하고 설득한다고 해결될 문제가 아니다. 친한 사이가 되면 자연히 해결될 일이지만 이 또한 쉽지 않기에 오늘도 나는 상처받은 아이의 마음을 어루만지며 관계 회복 방안을 고민한다.

무한질주 놀이본능

|1|2|
|3|4|

아이들이 선택한 놀이 소재, 어디까지 괜찮을까?

아이들은 자극적인 소재에 끌린다. 얼마 전, 전 세계를 강타한 드라마 '오징어 게임'을 부모님과 함께 보았는지 바깥놀이 시간에 '무궁화 꽃이 피었습니다'를 하면서 '456번 탈락, 빵! 너 죽었어.'라고 말하는 아이들이 생기기 시작했다. 이것뿐만 아니라 아이들이 즐겨하는 놀이를 보면 좀비나 귀신 등 청소년 관람 불가나 전체 관람가가 아닌 수준의 자극적인 소재들이 등장할 때가 많다. 그런데 이런 내용이 아이들이 스스로 결정하고 실행하는 놀이의 소재로 괜찮을까? 이것에 대한 결정권을 아이들에게 맡겨도 좋을까?

A 저는 교사의 적극적인 개입이 필요하다고 생각해요. 나이가 어린 아이들이 자극적인 소재의 드라마나 영화, 유튜브 영상물을 자주 보게 되면 아무래도 표현이 과격해질 수밖에 없어요. 유아기는 모방이 가장 많이 일어나고 외부 자극을 흡수하는 것도 엄청 빠른 시기잖아요. 교사라도 주의를 주거나 제지하지 않으면 가정에서는 더욱 제어가 안 되는 상황에 있는 아이들도 있어요. 그래서 저는 세 살 반을 맡으면 과격한 표현은 하지 말라고 되도록 자제시키는 편이에요. 과격한 표현이 무의식적으로 쌓이면 나중에 '이 정도는 괜찮겠지.'라고 생각하며 일

상으로 굳어질 수 있다는 우려가 들어서요. 다섯 살 유아 같은 경우는 부대끼며 놀아본 경험이 더 많아 상황 판단이 빠르고 큰 무리 없이 놀이 약속을 정하지만, 세 살 유아들은 놀이 소재에 대해 자체적으로 판단하기는 무리예요. 아이들의 놀이 선택권을 존중해야 하지만 아무래도 폭력성이 들어간 놀이가 소재가 되면 일단 말리고 보는 게 현실이에요. 모든 것을 다 존중할 수는 없잖아요.

Ⓑ 저는 아이들 안전에 큰 문제가 되지 않으면 일단 허용하자는 쪽이에요. 우리 반 아이들도 칼싸움, 총싸움, 전쟁, 좀비 같은 단어에 '놀이'라는 말을 붙여 놀아요. 좀비나 유령, 귀신 같은 소재는 대개 아이들이 자기가 봤던 12세 이상 관람이 가능한 콘텐츠에서 얻어 오는 경우가 많아요. 통신기기도 날로 최첨단이 되어가고 거기에 코로나로 인해 사람들의 온라인 접속 시간이 예전과 비교할 수 없이 길어지면서 아이들에게 흘러가는 무분별한 정보를 통제하는 것은 사실상 불가능해요. 여기까지만 생각하면 암울하죠. 그런데 네트워크의 발달로 인해 유행하는 콘텐츠의 교체 시기가 점점 빨라지면서 아이들의 장난감과 놀이 소재도 자연스럽게 그 리듬에 맞춰 변하고 있어요. 그리고 아이들이 하루 내내 그 놀이만 하는 것도 아니에요. 그래서 저는 놀이 소재가 아이들의 안전에 위협이 되거나 아이들 간의 관계를 심각하게 해칠 때, 정서적으로 문제를 일으킬 때 외에는 되도록 허용하고 있어요. 과도한 언급은 오히려 해가 될 때가 있으니까요.

C 간혹 부모님들에게 이런 문제로 상담이 들어와요. 누나나 형과 '신비아파트'를 보고 무섭다고 울면서 다음 날 또 본다고요. 보지 말라고 해도 자꾸 본다면서 고민된다는 부모님들이 계셔요. 아니나 다를까 이번에는 오징어 게임에 대한 우려가 몇몇 부모님들에게 나왔어요. 집에서는 TV를 안 보는데, 아이가 유치원에서 이런 놀이를 배워왔다면서 지도해달라고 하시더라고요. 반면 어떤 부모님들은 대수롭지 않게 여기기 때문에 교사로서 중심을 잡기 어려울 때가 있어요. 이런 의견 대립이 아이들 교육에서 가장 힘든 부분 중 하나예요. 가정환경과 부모님의 양육관이 다른 아이들이 한데 어울리기 때문에 때로는 예민한 문제가 되기도 해요. 아이들이 이 문제에 대해 서로 솔직한 생각을 이야기하고 스스로 약속을 정하게 해보지만, 놀이가 무르익다 보면 약속을 지키지 못하는 아이가 생기고 서로에게 불만이 쌓이죠. 놀이에 몰입해 있다 보면 약속은 잊을 때가 생기잖아요. 이런 일이 반복되면 놀이가 재미있기보다는 제약이 되고 아이들이 제 등 뒤에서 몰래 놀이를 할 수 있다는 거예요. 그러다가 문제가 불거지면 상황은 되풀이되는 거죠.

D 아이들의 놀이 중에는 소재 자체는 자극적이거나 폭력적인 것이 아닌데 엉뚱한 방향으로 전개되어 문제가 커지는 것들이 있어요. 예를 들어 병원놀이 같은 것이 그래요. 아이들이 병원놀이를 하는 것은 자신의 경험을 놀이의 즐거움으로 표현하는 것이지 성적 욕구(?)를 해소하기 위한 것은 아니에요. 간혹 우려할 수준이나 위험한 수준의 성행

유치원 아이들의 학급 자치 이야기

동 문제를 보이는 아이가 있지만 병원놀이를 그런 의도와 관련짓는 것은 무리일 수 있어요. 하지만 순수하기에 겁없이 무엇이든 시도하는 아이들은 엉덩이 주사를 놓겠다고 상대의 하의에 손을 대거나 청진기를 옷 안으로 집어넣으려고 하죠. 병원놀이가 가끔 이런 행동으로 이어지기 때문에 문제가 발생하는 거예요. 실제로 큰 문제가 발생해 곤란을 겪은 유치원들은 병원놀이 교구를 아예 영역에서 퇴출시켜 버렸고, 그 후 많은 유치원에서는 병원놀이를 금지된 놀이로 간주하고 있어요. 결과가 소재의 정당성을 부정한 셈이 되어버렸죠.

E 놀잇감에 대한 과열된 관심이 아이들 사이에 경쟁심을 불러일으키거나 놀이에 끼지 못하는 상황을 만들기 때문에 놀이 소재를 제한하고 싶을 때도 있어요. 최근에 띠부씰(모 제과회사 제품 속에 들어 있는 떼었다 붙였다 반복할 수 있는 씰)로 교실이 한바탕 소란스러운 적이 있었죠. 아침에 등교한 아이가 띠부씰을 잃어버렸다고 대성통곡을 했어요. 처음에는 이게 대체 뭐길래 이렇게 서럽게 우는지 종잡을 수 없었는데 아이들의 설명을 듣고 알았어요. 아이들의 말에 따르면 희귀템을 얻으려면 제품을 많이 사거나 운이 좋아야 한대요. 때로는 중고시장이나 온라인 직거래 사이트에서 고가에 거래되기도 해요. 희귀템을 손에 넣은 아이는 자랑하고 싶은 마음에 몰래 유치원에 가져오고 그날로 인기인으로 등극하죠. 아이들은 희귀템이 있는 친구에게 잘 보이려고 무리를 짓거나 그것을 사달라고 부모를 조르기도 해요. 과열되다 보면 친구들

간에 싸움이 나거나 놀이에 끼지 못하는 아이가 생기고 친구의 것에 손을 대는 아이도 있어요. 그러니 교사가 손 놓고 있을 수 없죠. 적절히 조절하지 않으면 아이들 관계가 어긋나기 때문이에요. 유치원 교사는 포켓몬과 캐치 티니핑 등 현재 유행하고 있는 아이들의 관심거리를 파악하고 있어야 해요.

오꼬지 뒷이야기_

이야기를 마무리하면서 이 주제와 관련하여 우리들의 어린 시절을 떠올려보았다. 생각해보니 나도 어렸을 때 무섭다면서 이불을 둘러쓰고 '전설의 고향' 같은 프로그램을 보았던 것 같다. 우리 부모님과 선생님들은 우리가 했던 놀이를 보고 어떤 생각을 하셨을까?

유치원 아이들의 학급 자치 이야기

3장

공감으로 통하는
공간 속 자치

모둠 자리
자유이용권

비장한 마음으로 한 손엔 연필, 한 손엔 이면지를 든다. '오늘은 꼭 단번에 성공하리라.' 굳은 다짐을 하며 이면지에 교실 안 모둠 책상 모양을 그린다. 아이들이 노는 모습을 보면서 이면지에 아이들 이름을 썼다 지웠다 반복했지만 역시 이번에도 실패다. 방과후 과정 연계일지 뒤에 부록처럼 채워지고 있는 모둠 자리 리스트를 펼쳐보며 새로운 마음으로 새 이면지에 아이들 이름을 쓴다. 모두가 만족할 수 있는 모둠 자리를 위해 오늘도 나의 고민만큼이나 이면지가 쌓였다.

삼 주 만에 한 번씩 바꾸는 모둠 자리, 언젠가부터 모둠 자리를 정하는 것이 정답 없는 문제를 푸는 것처럼 답답하게 느껴졌다. 고뇌에 찬 나를 위해 '이건 어떠니? 저건 어떠니? 고민, 고민하지 마.' 유행가 가사를 주문처럼 말해보아도 나의 고민은 매번 반복되었다. 갈등이 있는 친구, 서로 도움을 줄 수 있는 친구, 친해지길 바라는 친구 등 여러 가지 요소를 반영해 짝꿍과 모둠 자리를 정해야 평화로운 학급 분위기와 나의 정신건강을 유지할 수 있기 때문이다.

며칠간 고민하다 드디어 짝꿍을 바꾸는 날이 오면 확신에 찼던 내 마음은 '몰라, 몰라, 이게 최선이야. 최선일 거야! 최선이겠지? 아마도?' 하며 저 밑으로 숨어버리고 아이들의 눈치를 살피며 이름을 부르기 시작한다. 아이들은 마치 행운권 추첨을 기다리는 사람들처럼 이름이 불릴 때마다 환호와 한탄을 쏟아낸다.

혹시 발생할 수 있는 경우의 수까지 생각해서 정한 모둠 자리였지만 모두를 만족시킬 수 없다. 좋아하지 않는 친구가 같은 모둠 옆자리에 앉게 되면 '표정으로 말해요' 게임이라도 하듯 정색하는 아이, 이 친구랑 같은 모둠을 하기 싫다고 대놓고 말하는 아이도 있다. 바뀐 모둠 자리에 대한 불평이 평소보다 많은 날에는 십중팔구 학부모 상담으로 이어진다.

현지 어머니 우리 현지만 짝꿍이 없나요? 짝꿍이 누구냐고 물어봐도 모른다고 말해요.

다빈 어머니 다빈이가 동민이랑 같은 모둠이라서 유치원 가기 싫다고 아침에도 울었어요. 다른 모둠 자리로 바꿔주시면 안 될까요?

은성 어머니 은성이는 수민이 옆에 앉고 싶은데 이번에도 수민이 옆자리가 아니라며 속상해했어요. 다음엔 수민이 옆자리에 앉게 해주세요. 부탁드려요.

유치원 아이들의 학급 자치 이야기

이런 요구가 해마다 거르지 않고 있었던 터라 올해부터는 아이들 스스로 모둠 자리를 정하게 하자고 결심했다. 입학 오리엔테이션이 끝난 후 나는 모둠 자리 정하기에 대해 아이들에게 이야기했다. 환호성이 쏟아질 거라는 예상이 무색하게 아이들은 난감한 표정으로 아무 말이 없었다. '이 반응은 무엇?' 생각지 못한 아이들 반응에 나도 당황해 잠시 말을 잇지 못했다.

'올해 우리 반 아이들은 과묵한 스타일인가? 내 말을 못 들었나?' 생각하며 다시 천천히 이야기했지만, 아이들은 서로 얼굴만 바라볼 뿐 여전히 말이 없었다. 학기 초라 낯설어서 의견을 말하지 않는 것인지 아니면 교사가 정해주는 자리와 짝꿍에 익숙해서인지 아이들 마음을 알 수 없었다. 0.5배속으로 천천히 시간이 흐르는 것 같았다. 침묵의 시간을 깨준 건 수진이였다. "그냥 친구들이 매일 앉고 싶은 자리에 앉아요." 아이들은 그제야 고개를 끄덕였다.

일일드라마 '우리들의 모둠 자리'

짝꿍과 모둠 자리가 정해지면 붙여주려고 만든 이름표는 무용지물이 되었다. 아이들은 매일 앉고 싶은 자리에 앉는다며 책상에 이름표를 붙일 필요도 없다고 했다. '오~, 우리 반 힙한데.' 내 시나리오에 없었지만 매일 등교해서 앉고 싶은 자리에 앉는다는 아이들의 의견이 신선

했다. 하지만 이내 걱정이 쓰나미처럼 밀려왔다.

> **교사** 매일 자리가 바뀌면 힘들지 않을까요?
>
> **현서** 왜 힘들어요?
>
> **교사** 음…, (왠지 모르겠지만 선생님이 힘들 것 같은 느낌적인 느낌!) 매일 자리가 바뀌면 자기 자리를 모를 수도 있지 않을까요? 짝꿍도 헷갈리고.
>
> **아이들** 친구들이 알려주면 되죠. 옆에 앉은 친구랑 짝꿍 하면 되잖아요.
>
> **교사** 아~, 그래요.

기억도 가물가물한 그 언젠가 새내기 교사 시절, 졸업이 얼마 남지 않은 다섯 살 아이들과 이벤트를 하듯 일주일 동안 자리를 정하지 않고 아이들이 매일 앉고 싶은 자리에 앉았던 일이 생각났다. 그런데 지금 우리는 입학 첫날이다. 첫날부터 아이들에게 짝꿍과 모둠 자리에 대한 자유이용권을 남발한 것은 아닐까 하는 걱정과 후회도 잠시, 일단 아이들과 나의 도전을 성공시켜 보자고 조용히 의지를 불태웠다.

그렇게 입학 다음 날부터 한 달이 지나는 동안 짝꿍과 모둠 자리로 인해 벌어지는 일들은 다양한 사람들의 희로애락을 담은 옴니버스 드라마를 보는 것 같았다.

| 여은과 채윤

'생활의 달인 - 가위바위보 편' 같은 자리에 먼저 앉았다고 다퉈 목격자를 찾거

나 가위바위보로 결정. 이러다 가위바위보 달인이 될 듯

| 수현과 시우

'내 옆은 항상 너, 네 옆은 언제나 나' 친한 친구가 아니면 옆에 앉지 못하게 자리를 맡아두어 교사와 심층 면담 횟수가 늘어감

| 주아, 도예 그리고 정현

'삼총사의 찐한 우정' 오전에는 서로 다른 모둠에 앉았다가 어느 순간 셋이 같은 모둠에 앉아 있는 신기하고도 요상한 기술을 시전 중

| 주형와 은서

'선생님 저는 어디 앉아요?' 아침마다 자리 규칙을 말해주지만 하루도 빠짐없이 나에게 자리를 물어보며 내 손을 잡고 모둠 자리를 쇼핑 중

| 서연과 민채

'사랑과 전쟁' 세상 둘도 없이 친하게 놀다가 다시는 안 볼 사이처럼 토라져 이별 선언과 화해를 반복하면서 미운 정, 고운 정이 쌓이는 중

| 인서와 친구들

'인서 옆자리를 사수하라' 등교해도 자리를 정하지 않고 있다가 인서가 모둠 자리를 정하는 순간 쏜살같이 인서 옆으로 달려가 자리를 잡으려고 치열한 경쟁

'이 드라마 왜 이래?' 교실 상황을 보다 참견하려는 내 눈앞에 '참을 인忍'이 폭죽의 불꽃처럼 퍼져 나온다. 이 드라마는 과연 해피엔딩이 될 수 있을까?

모둠 자리 언제 정할 거예요?

친한 친구들끼리 같은 모둠에 앉은 횟수가 늘어나면서 다른 아이들이 비집고 들어오지 못하게 그들만의 우정은 더 끈끈해졌다. 친한 친구가 결석하는 날이면 모둠 자리를 정하지 못하고 이리저리 방황하는 아이도 있었다. 친구가 화장실 간 사이에 그 자리를 차지해 다툼이 일어나기도 하고, 옆에 앉은 친구가 싫다며 짝꿍을 하지 않겠다는 아이도 있었다.

모둠 자리 때문에 벌어지는 여러 가지 상황이 내 참을성을 끈질기게 시험하지만 아이들 스스로 이런 상황들을 문제로 인식하고 건의해 주기를 기다렸다. 그때 친하게 지내고 싶은 친구들과 같은 모둠을 하지 못한 은교가 한껏 예민해진 목소리로 말했다.

은교 선생님! 자리 언제 정할 거예요?

교사 왜요?

은교 맨날 앉고 싶은 자리에 앉으니까 저 친구들끼리만 같은 모둠에 앉고 내가 놀
자고 해도 나랑은 잘 안 놀아줘요.

정훈 저도 모둠 자리 정했으면 좋겠어요.

수진 저는 의자 자리 앉고 싶은데 이제까지 한 번도 못 앉았어요.

모둠 자리를 다시 정하자는 몇몇 친구들의 제안을 아이들에게 알
렸다. 찐 우정을 과시하며 칠공주처럼 무리를 지어 앉던 아이들은 여우
눈이 되었고 모둠 자리로 불편을 겪었던 아이들은 고개를 끄덕였다. 그
동안의 '모둠 자리 자유이용권' 경험에 대해 아이들이 진짜 속마음을
털어놓을 수 있도록 나 없이 이야기할 수 있는 시간을 주었다.

교사 친구들아! 모둠 자리에 대해 좋았던 점이나 불편했던 점, 바꾸고 싶은 것들에
대해 친구들끼리 이야기보고 결과를 선생님에게 알려주세요. 선생님은 바라
보는 방에 있을게요.

아이들 네.

한참 동안 조용하던 교실에서 점점 말소리가 크게 들려왔고 얼마
의 시간이 지나자 아이들이 "선생님." 하고 불렀다.

교사 어떻게 하기로 했어요?

채윤 매일 앉고 싶은 자리에 자유롭게 앉아봤으니까 이제는 자리를 정해서 앉기로 했어요.

정현 어떤 방법을 정할지 손들기와 가위바위보를 했는데도 방법을 못 정했어요.

교사 꼭 한 가지 방법만 사용해야 하는 건 아니에요.

진규 진짜요?

'답정너'처럼 하나의 방법만 선택하지 않아도 된다는 나의 말에 아이들은 '자리 뽑기', '선생님을 이겨라, 가위바위보', '일주일 동안 좋아하는 친구와 같은 모둠 하기', '출석번호 순서대로 앉고 싶은 자리 정하기'의 네 가지 방법을 정했다. 나도 우리 반 구성원으로서 한 가지 의견을 제시했다. 바로 '선생님이 자리 정하기'. 나는 내 방법을 첫 번째로 선택해달라고 애교와 투정을 부리며 아이들을 졸랐다. 소꿉놀이에서 나의 역할은 열에 아홉 번은 아기다. 아기처럼 떼쓰고 투정 부리는 내 연기를 사랑해주는 아이들 심리를 이용한 고도의 작전이 성공한 것이다. 아이들이 나의 의견을 받아주자 연기를 끝내고 나의 의도를 이야기했다. 유치원에 새로 왔거나 친한 친구가 없어 소외되는 아이들에게 함께 어울릴 기회를 주고 친구들이 좋아하는 의자 자리도 골고루 앉기를 바라는 마음이었다고.

매번 모둠 자리를 정할 때 고민하고 수정했던 나의 숙제를 아이들이 해결해주었다. 여전히 모둠 자리를 정할 때마다 나는 초고속 카메라처럼 아이들의 미세한 표정까지 스캔하며 반응을 살피고 같은 모둠 구

유치원 아이들의 학급 자치 이야기

성원들을 본다. '이번 모둠 자리 나이스~, 이번 모둠 자리 폭망~.' 회전 목마의 안정감을 주는 날이 있는가 하면 롤러코스터의 짜릿함을 만끽하는 날도 있는 우리 반은 생동감이 넘친다.

'모둠자리 자유이용권'이 시행착오도 있었지만, 입학 첫날부터 아이들에게 부여된 자유는 졸업할 때까지 다양한 모습으로 유지되었다. 그리고 교사의 의견에 자신 있게 "아니요, 싫어요."라고 말하고 자신들의 뜻을 펼쳐나가며 자유에 따른 책임을 지는 아이들이 되었다.

내 계획과 의견이 무참히 거절당할 때마다 예전의 아이들도 이런 기분이었을까 생각해본다. 아이들 의견에 '이건 이래서 안 되고, 저건 저래서 안 된다.' 말하며 나의 의도대로 학급을 운영했던 교실 속의 '답정샘'이 다시 되지 않기를 다짐한다. 그래도 내가 입학 첫날로 되돌아가게 된다면 모둠자리 자유이용권을 말했던 내 입을 꾹 틀어막고 싶다. '어허~ 여보게, 그 입 꾹 닫으시게. 아무리 좋은 제도라지만 입학 당일부터는 무리일세.'

슬기로운
복도 생활

유월이 되니 여기저기 나뭇가지에서 거미들이 열심히 집을 짓고 있다. 거미가 집 짓는 것을 본 아이들은 신기해했고, 자연스럽게 거미에 대해 관심을 가졌다. 한동안 교실에서 테이프로 거미집을 만들며 신나게 인간 거미 흉내를 내던 아이들은 교실이 너무 넓어서 집짓기가 힘들다며 교실 밖에 있는 길쭉한 복도에 거미집을 짓고 싶다고 하였다.

다섯 살 형님1   아! 이거 뭐야. 거미줄이잖아. 화장실 어떻게 가지?

다섯 살 형님2   줄 사이로 엎드려서 가야 해. 하하. 재밌다.

다섯 살 형님3   아~, 쉬 마려워. 몰라! 난 그냥 지나갈 거야.

다섯 살 형님4   선생님~, 큰일 났어요. 정민이가 동생들이 만든 거 다 뜯었어요.

유치원 아이들의 학급 자치 이야기

인간 잡는 테이프 거미줄이 얼기설기 배치된 복도에서 대다수 형님반 아이들은 눈치껏 지나갔지만 몇몇은 불편하다고 투덜거렸고, 심지어 거침없이 진격하여 만들어놓은 것을 다 뜯어버리는 대참사를 일으켰다. 띠로리~.

성민 선생님! 선생님! 정민이 형이 거미줄 다 뜯어버렸어요.

준영 우리가 힘들게 만든 게 다 없어져버렸어. 이잉~.

민서 정민이 오빠, 나빠.

한순간 복도는 아수라장이 되었고 이 일을 어떻게 수습해야 할지 막막했다. 혼신을 다해 만든 거미줄 사이에서 거미가 된 상상에 한껏 빠져있던 아이들은 형님반의 완력에 의해 현실로 강제 소환당했다. 톰에게 치즈를 뺏긴 제리의 심정이랄까. 아이들의 눈은 세모꼴이 되었다. 나는 아이들의 속상한 마음을 달래야 했고, 앞으로도 이런 일이 있을지 모르니 대책도 세워야 했다.

교사 얘들아, 너무 속상하지?

현준 우리가 만든 건데 형이 허락도 없이 다 뜯어버렸어요.

동하 형들이 뭐 만들면 나도 다 망가뜨릴 거예요.

교사 진짜 속상하겠다. 그런데 정민이 형이 왜 그랬을까?

화난 기분을 쏟아내던 아이들은 사고의 원인을 찾기 시작했다.

소윤 형님반 복도라서 화가 난 거 같아요.

다영 거기는 우리도 지나가는 복도야.

민서 우리가 너무 떠들었나?

현준 그냥 다른 곳에서 놀아요.

아이들은 화가 나서 씩씩거리면서도 문제의 원인에 대해 다양한 분석을 내놓았다. 이럴 때 보면 아이들이 다 큰 어른처럼 여겨진다.

교사 형님들이 불편한 것 같은데, 복도 놀이는 이제 그만할까?

소윤 교실보다는 복도가 거미줄 만들기 더 편하단 말이에요. 그냥 선생님이 형님반 에 가서 말하면 안 돼요?

준이 형님들이 피해 가면 되잖아. 우리 거 망치지 말고.

민서 선생님이 빨리 가서 말해줘요.

교사 (내가? 곤란한 건 꼭 나 시키더라.) 그래, 선생님이 형님반에 가서 말해볼게.

형님반 앞에 있는 복도를 사용하기 위해 먼저 형님반 아이들의 양해를 구했어야 했지만, 우리 반 아이들과의 놀이에 집중하느라 미처 생각하지 못했다. 더구나 우리 유치원은 두 명이 나란히 통과하기 힘든 좁은 복도를 지나야 화장실을 갈 수 있는 구조여서 복도에서 놀고 있

유치원 아이들의 학급 자치 이야기

는 동생들이 매우 거슬렸을 것이다.

　나는 복도에서 동생들과 놀이 중이니 조심해달라는 말을 전하려고 형님반 교실 창문을 들여다보며 아이들의 분위기를 살폈다. 마침 형님반 선생님이 아이들을 모아놓고 동생들의 놀이를 방해한 것에 대해 이야기를 하는 듯했다. '아, 너무 미안하네. 우리가 미리 말했다면 야단맞지 않아도 됐을 텐데.' 나까지 들어가서 형님반 아이들에게 이야기하면 안 될 것 같아 교실 앞을 서성이다 그냥 되돌아왔다.

소윤　선생님, 형님들한테 말하고 왔어요?

교사　아 그게, 말을 못 했어. 형님반 선생님이 벌써 말하고 계셨어. 형님들한테 조금 미안한 마음이 들었어. 복도는 우리만 사용하는 공간이 아니잖아.

유혁　그래도 형님반에 가서 부수지 말라고 말했어야죠.

준이　'안 돼! 싫어!'라고 큰 소리로 말해요.

교사　형님들도 지금 많이 속상한 거 같아. 형님들이 우리 반 앞에서 놀고 있어서 화장실을 못 간다면 어떨 거 같아?

아이들　기분 안 좋을 거 같아요. 화장실 빨리 가야 하는데 불편할 것 같아요. 비켜서 가야 해요.

교사　그러면 형님들이 복도 지나갈 때 불편하지 않고 우리도 놀 수 있는 방법은 없을까?

다영　우리가 놀이하고 있다고 편지를 써서 알려주면 어때요?

성준　우리는 글자 못 쓰잖아.

다영 우리가 그림을 그리고 선생님이 써주면 되잖아!

교사 그럴까? 형님들한테 편지로 우리가 하는 놀이를 알려주면 조심해줄 수 있겠다.

아이들과 나는 복도에서 놀이를 시작하기 전에 우리의 복도 놀이 일정을 편지로 써서 형님반에 전달했다. 편지를 읽었는지 그날 화장실 가던 형님반 아이들은 머뭇거리는 기색이 완연했다. 어제의 거침없던 형님들 자리에, 오늘은 예의를 차리고 인내심까지 장착한 형님들이 서 있었다.

다섯 살 형님1 어떻게 가지?

다섯 살 형님2 나 화장실 가고 싶은데.

소망 형! 우리처럼 이렇게 가봐.

성률 고개를 숙이고 다리를 쫙 벌려서 가면 통과할 수 있어.

다영 중간부터는 다리를 올려야 해!

민주 와! 통과.

아이들은 거미줄 통과 방법을 형님들에게 알려주었고, 한 명 두 명 늘어가는 형님들과 어울려 놀게 되었다. 그 사이 거미줄은 점점 복잡해져서 급기야 형님반 출입구까지 둘러쌌다. 형님들은 재미있게 놀이를 즐기며 복도를 지나갔고 동생들이 만든 거미줄을 부수지 않기 위해 움직임을 조절했다. 화가 나서 씩씩거리던 아이들의 모습은 모두 사라

유치원 아이들의 학급 자치 이야기

지고 언제 그랬냐는 듯 너무나 자연스럽게 노는 얼굴들이 사랑스럽기만 하다.

교사 형님들이랑 같이 놀아보니 어때?

성률 형님들은 키가 커서 힘들어했어요.

연주 재밌다고 웃었어요. 그리고 바닥에 넘어졌어요.

교사 그런데 우리가 없을 때는 어떻게 알려주지?

다영 어떻게 놀이하는지 종이에 써서 벽에 붙여줘요.

벽보 애정 유아답게 다영이가 놀이 방법을 자세히 그린 후 복도 벽에 붙여서 알려주자고 제안했다.

교사 오, 놀이알림판! 좋은 생각이다. 어떻게 만들까?

연주 위에는 놀이 제목을 쓰고, 아래엔 놀이 방법을 쓰면 될 것 같아요.

민혁 선생님 이거 보세요. 보드게임 할 때 설명서가 있어요. 이렇게 만들면 돼요.

준민 우리가 노는 모습을 찍은 사진도 붙여줘요.

평소에 보드게임을 즐겨하던 아이들은 상자 안에 들어있는 놀이 설명서를 생각해냈고, 서툰 글씨로 놀이 방법을 쓰기 시작하였다. 우리가 만든 놀이알림판은 매우 유용했다.

다섯 살 형님1   오늘은 무슨 놀이지?

다섯 살 형님2   피자 징검다리 건너기래. 내가 좋아하는 피자를 밟고 건너라고 써 있어.

복도는 교실과 달리 다른 학급과 함께 사용하는 공간이므로 같이 사용하고 있는 상대를 배려하는 약속이 필요하다. 놀이하기 전에 아이들과 공용공간의 의미에 관한 이야기를 나누었다면 이런 불상사는 일어나지 않았을지도 모른다. 서로의 입장이 되어 고민한 아이들은 복도의 경계를 구분하여 나눠 쓰기보다 서로의 놀이를 인정하고 함께 어울리는 즐거움을 선택했다.

자치란 자기의 일을 스스로 처리한다는 의미이다. 유치원 아이들이 조직을 구성하고 주도적으로 활동을 전개해나가는 능력은 미흡하지만, 때로는 문제에 맞서 스스로 주체가 되어 자연스럽게 해결해나가는 것을 보면 이 작은 세계 안에서도 분명 자치의 싹이 크고 있지 않을까 생각해본다.

선생님은 사오정

자투리 공간을 둘러싼
동상이몽

    신학기 준비기간, 교실 환경구성을 위해 두근거리는 마음으로 새로운 교실에 들어갔다. 여기저기 둘러보다 교실 뒤 오른쪽에 조그마한 모퉁이처럼 바깥을 향해 튀어나와 있는 작은 공간을 발견했다. '여기는 뭘 위한 공간이지? 밖에서는 안 보이는 숨은 공간이네. 베란다인가? 여기에 문도 있잖아?' 성인인 내가 앉아서 다리를 뻗으면 문에 닿을 정도의 아주 작은 공간으로 이곳을 지나면 뒤뜰로 나갈 수 있었다.

    마치 물건을 샀다가 생각지도 못하게 사은품을 받는 것 같은 기분이 들었다. '뒤뜰에서 놀고 싶을 때 현관까지 가지 않고 교실에서 바로 나갈 수 있어서 너무 좋은데! 그런데 그냥 통로로만 사용하기에는 뭔가 아쉽다. 아쉬워.' 작지만 제대로 꾸며놓기만 하면 아늑한 코너가 될 수 있을 듯했다. 다른 반 교사들도 이 자투리 공간에 뭔가를 할 것 같아

벤치마킹해보려고 몇몇 동료에게 물었다.

> **교사** 선생님 반에도 뒤뜰로 바로 나갈 수 있는 통로가 있죠? 혹시 어떻게 사용할
> 예정이세요?
>
> **열매반 교사** 저는 그 공간이 너무 좁아서 아이들이 지금 당장 사용하지 않는 미
> 술 재료를 정리할까 해요.
>
> **꽃잎반 교사** 저는 유아용 안전 모자를 두려고 해요.

그곳을 작은 창고처럼 사용할 계획이라고 대답한 동료들이 많았
다. 나도 같은 용도로 사용할까 잠시 망설이다가 문득 화분을 들여놓
은 우리 집의 베란다가 떠올랐다.

시즌❶ 우리 반 미니 실내정원 조성기

식물을 키우자고 마음먹으니 인테리어 잡지에 등장한 미니 실내정
원들이 머릿속에 뱅뱅 맴돌았다. 조금만 신경 쓰면 나도 교실 안에 그
럴싸한 실내정원을 만들 수 있을 것이라 기대하며 주말에 화훼 단지를
방문하겠다는 계획을 세웠다. 그때부터 내 눈은 실내에서 키우기 쉽고
꽃도 예쁜 식물들만 찾기 시작했다. 여러 꽃집을 전전한 끝에 마음에
쏙 드는 몇 개의 화분을 품 안에 들고 유치원에 출근하는 발걸음은 날

아갈 듯 가벼웠다.

자투리 공간에 화분을 이리저리 배치하다 보니 이미 내 마음속에서 이곳은 아이들의 발길이 끊이지 않고 일상에 지친 교사들의 힐링 쉼터가 되어주는 미니 식물원으로 탈바꿈한 상태였다.

교사 얘들아, 선생님이 뒤뜰 가는 공간에 실내정원을 만들었어요. 우리 구경하러
    가볼까?

아이들 선생님, 그런데 우리 언제 놀아요?

소중한 주말을 희생하며 화훼 단지에 다녀왔던 열정은 심드렁한 아이들의 반응에 김이 새고 말았다. 아이들은 움직임이 없는 식물에는 별 관심을 보이지 않았다. 게다가 햇빛이 비치지 않는 작은 공간이라 식물들은 한 달도 채 되지 않아 축 늘어지다가 결국 수명을 다하고 말았다. 내가 쏟은 정성에 비해 아이들의 관심은 턱없이 부족했고, 우리 반 미니 실내정원은 죽은 화분만 남은 채 막을 내렸다.

씨즌 2 우리 반 미니 곤충박물관 조성기

식물에 관심이 없다면 이번에는 곤충이다. 아무래도 식물은 움직임이 없으니 이번에는 아이들이 좋아하고 움직임도 관찰할 수 있는 곤

유치원 아이들의 학급 자치 이야기

충박물관으로 방향을 잡았다. 옆 반 선생님의 도움으로 장수풍뎅이, 사슴벌레, 달팽이를 분양받아 화분이 있던 자리에 놓았다. 곤충 관찰통 다섯 개가 놓이고 그 속에서 곤충들이 움직이는 것을 보니 이번에는 성공의 예감이 강하게 들었다.

다음 날, 곤충박물관 소식을 미리 전해 들은 아이들은 일찍 유치원에 등교했다. 아이들은 가방을 바닥에 대충 던져놓고 곤충박물관으로 달려갔다.

> **윤슬** 에이. 선생님, 장수풍뎅이 어디 있어요? 왜 안 나와요?
>
> **교사** 장수풍뎅이가 잠자고 있나 봐.
>
> **재성** 그럼 언제 나와요?
>
> **교사** 기다리면 나오지 않을까?

| 다음 날

> **윤슬** 선생님, 장수풍뎅이는 언제 나와요? 왜 맨날 자요?
>
> **교사** 지금도 자고 있나 봐.
>
> **재성** 그럼 언제 나와요?
>
> **교사** (땀이 삐질삐질) 글쎄….

며칠째 얼굴을 보여주지 않던 장수풍뎅이는 일주일 만에 겨우 다리 한쪽을 드러냈다. 아이들은 가끔 모습을 보이는 곤충들에게 점점 실망하다 결국 관심을 거두고야 말았다. 아이들의 관심이 떠나면서 곤충들도 명을 달리했다. 안녕, 우리 반 미니 곤충박물관.

시즌3 벌러덩 뒹굴 마당

곤충박물관이 실패한 후 그곳은 비어 있는 상태로 뒤뜰로 나가는 통로 역할만 하게 되었다. 나의 계획이 연달아 실패한 탓에 다시 그곳을 꾸밀 의욕이 생기지 않았다. 그렇게 시간이 흐르는 사이 아이들은 뒤뜰에 나가 놀다가 힘들면 들어와 통로에 반쯤 엎어지거나 드러누웠다. 어떤 아이는 신발도 벗지 않은 채 발은 바깥으로 보내고 몸만 안쪽으로 밀어 넣고 쉬기도 하고, 교실 안에 물을 마시러 급히 들어오는 아이는 신발도 벗지 않은 채 통로를 가로질렀다.

교사 얘들아, 신발은 벗자. 여기는 밖이 아니야.

아이들 조금만 쉬다가 다시 갈 거예요.

교사 여기에 상 차려놓은 사람은 누굴까? 놀이 끝나면 제발 정리하자.

아이들이 신발 정리를 제대로 하지 않아 흙과 지푸라기, 낙엽 부스러기 등 바깥놀이 부산물들이 자꾸 실내로 유입되는 바람에 나는 빗자루를 탄 마녀처럼 이곳저곳 쓸고 다녀야 했다. 더구나 아이들이 그

곳에 쪼그리고 모여 앉아 바깥에서 주워 온 것들로 소꿉놀이 상을 차려놓으니 나는 매일 이어지는 빗자루질로 손목터널증후군이 생길 지경이었다. 나의 소중한 백세 건강을 위해 대책을 세워야 했다.

함께하는 '비움의 방'

빈 곳으로 두었더니 더 관리가 안 되는 것 같았다. 신발 자국, 낙엽 부스러기, 놀다 버리고 간 장난감 등이 뒤엉킨 채 일과가 끝날 때면 아예 이곳을 통과하는 문을 폐쇄할까도 생각해봤다. 그래도 아이들이 하루에도 몇 번씩 들락거리는 곳인데 나 좋자고 없앨 수는 없었다.

> **교사**　얘들아, 선생님이 보니 너희들이 여기에서 소꿉놀이를 가장 많이 하는 것 같아. 이 공간을 소꿉놀이하기 편하게 바꿔줄까? 장난감도 몇 개 가져다 놓고 작은 테이블도 놓아줄게.
>
> **아이들**　네~, 좋아요.
>
> **교사**　대신 정리 정돈도 잘하고 들어오고 나갈 때 신발도 벗고 다니자. (또 이런 일이 있으면 선생님은 여기 문을 꽉 잠글 거야.)

나는 다시 방 꾸미기에 돌입했다. 아이들이 원하는 대로 미니 소꿉놀이방으로 만들기 위해 작은 테이블을 찾아다 놓고 멋지게 테이블

보도 깔았다. 새 장난감도 몇 개 보충해주었더니 다시 아늑한 공간이 되었다. 그런데 아이들은 며칠만 반짝 관심을 보이고 예전과 같이 정리도 그럭저럭, 신발도 신은 듯 벗은 듯한 상태로 되돌아갔다. 그리고 나는 여전히 빗자루 마녀를 벗어나지 못했다.

> **물음표샘** (동아리 교사들에게 사진을 보여주며) 우리 반 옆에 있는 비어 있는 공간인데 어떻게 꾸며야 할지 감이 안 와요. 영역을 꾸미자니 좁고, 그냥 두자니 게으른 교사가 된 것 같아요. 여기를 꾸미는 데 벌써 세 번 실패했어요. 처음에는 식물을 길렀고 두 번째는 미니 곤충박물관을 만들었는데 모두 하늘나라로 보냈어요. 세 번째는 아이들이 원하는 대로 소꿉놀이방을 만들어줬는데 처음 며칠만 형태를 유지하더니 다시 예전으로 돌아갔어요.
>
> **낭만샘** 세 번이나 실패했다면 뭔가 또 만든다고 해도 성공하기 어렵지 않을까요? 그냥 둬도 될 것 같은데요.
>
> **해피샘** 선생님이 애써서 꾸며줬는데도 아이들이 처음과 같은 상태로 공간을 이용한다면 아이들은 그게 편해서 그러지 않을까요?
>
> **물음표샘** 그래도 아무것도 안 하고 썰렁하게 두면 다른 선생님들과 비교가 되는 것 같고 뭔가 이 빠진 느낌이에요.
>
> **팩폭샘** 여백의 미가 필요할 때도 있어요. 빈틈없이 꽉 찬 벽과 복도는 숨을 막히게 해요. 창의성은 비움에서 나올 수 있어요.

유치원 아이들의 학급 자치 이야기

나는 이제까지 비어 있는 공간을 보면 어떻게든 채우려고 했다. 어차피 노력을 들여 꾸미는 거라면 아이들을 위해 화사하고 아늑한 공간을 마련해주려고 모빌과 광목천 커튼을 달고 화분도 놓고 조명도 배치했다. 그런데 나의 노력이 무색하게 아이들은 관심을 기울이지 않았고 자기들이 편한 대로 공간을 사용했다. 그 공간에 굳이 특별한 의미를 부여하려고 했던 것은 나였을 뿐, 아이들에게 그곳은 뒤뜰로 나가는 통로이자 잠시 쉬는 곳으로 이미 그 기능을 하고 있었다. 나와 아이들은 같은 공간을 두고 완전히 다른 의미를 부여하고 있었던 것이다.

나는 문 위에 '비움의 방'이라는 이름을 달았다. 이제 그곳이 텅 비어 있어도 나는 환경구성을 안 했다는 죄책감을 갖지 않는다. 완벽하고 멋진 이름이다.

이야기자리
티케팅

    신학기 교실에는 새 교실, 새 친구, 새 담임에게 적응하기 바쁜 아이들과 그런 아이들을 스캔하며 특성을 파악하는 바쁜 선생님이 있다. 오늘도 내 눈과 머리는 교실 안을 돌아다니는 아이들을 위, 아래로 훑어내느라 바쁘다.

    '종달새처럼 지저귀는 지아, 호기심이 많아 동에 번쩍 서에 번쩍 손오공 같은 승우, 온유는 소꿉놀이를 좋아하고 다른 아이를 배려해주는 행동이 많이 나타나네. 은우는 여기저기 관심이 많은 약방의 감초 같구나.' 이렇게 아이마다 가지고 있는 개성이 어느 정도 파악될 즈음, 드디어 매트 위 이야기자리를 정하기 시작한다.

    교사   얘들아! 오늘부터 선생님이 알려주는 자리에 앉아볼까요?

(맨 앞줄은 키가 작은 아이, 그중에서 양쪽 끝자리에는 몸놀림이 큰 프로관심러, 맨 뒷줄엔 키가 큰 아이. 그리고 마지막 주의사항! 서로를 너무 좋아하는 단짝들은 살짝 거리두기!)

나의 이야기자리 정하기 룰이다. 해마다 이야기자리를 정할 때 주의집중이 안 되는 아이와 내 손이 많이 필요한 아이를 가까이 앉히는 것은 학급 운영을 수월하게 하려는 내 나름의 전략이었다. 물론 내 결정을 모두 흔쾌히 받아들이지는 않지만, 그래도 아이들은 내가 정해준 자리에 별말 없이 앉았다.

저는 다른 자리에 앉고 싶어요!

주하　선생님! 있잖아요, 저 다음에는 첫 번째 줄에 앉고 싶어요.

은우　어, 선생님. 그럼 저는 세 번째 줄 의자 자리에 앉고 싶어요.

지아　나도 나도, 저도 의자 자리에 앉을래요.

교사　자리 바꾼 지 얼마 안 됐는데 또 바꾸는 좀 그렇지? 그리고 너희들만 바꿔 주면 다른 친구들 기분은 어떻겠어? 다음에 자리 바꿀 때 생각해볼까?

아무래도 몇몇 아이들은 이번에 앉게 된 자리가 상당히 못마땅했나 보다. 아이들 의견이 그렇다 하더라도 많은 숫자의 아이들과 지내려면 어쩔 수 없는 부분이 있다. 이렇게 상황이 마무리되는 줄 알았다.

교사 은우야, 너 왜 거기 앉아 있어? 네 자리가 거기 아닌 것 같은데?

은우 네, 알아요. 근데 그냥 여기 앉아보고 싶었어요.

　교육과정 마무리 시간이 되어 아이들과 헤어지는 인사를 하기 위해 모였다. 그런데 두 번째 줄에 앉아야 할 은우가 의자를 가져와 맨 뒷자리에 앉아 있는 것이 아닌가? 은우는 어리둥절하게 바라보고 있는 나를 향해 생글생글 웃고는 뽀르르 제자리로 돌아갔다. 의자 자리에 앉고 싶은 은우의 마음이 정확히 내 마음에 전달되는 순간이었다. 아이들에게 인사를 하고 마무리하려다가 자리에 관한 질문을 건넸다.

교사 얘들아, 너희들이 원하는 자리에 앉고 싶어요?

아이들 네!

교사 그래, 그렇구나. 그런데 서로 앉고 싶은 자리가 겹치면 어쩌지?

지아 그럼 가위바위보를 하면 되지요.

교사 선생님은 너희들이 원하는 자리에 앉으면 친한 친구들끼리 만나서 장난치진 않을까 걱정이 되는데….

온유 그럴 때는 선생님이 그 친구들 자리를 바꿔요.

　척척박사처럼 답을 내놓는 아이들 덕분에 다음 날 자리를 바꾸기로 약속할 수밖에 없었다.

이야기자리 티케팅

두둥! 대망의 이야기자리 바꾸는 날이 밝았다. 아이들은 원하는 자리에 앉으려고 결의에 찬 눈빛을 반짝였다. 이름하여 이야기자리 티케팅!

교사　짜잔, 우리 반 이야기자리 티케팅을 시작합니다. 박수!

아이들　이게 뭐예요?

교사　우리 반 이야기자리 표야. 여기 자리 번호 보이지? 선생님이 자리 숫자를 부르면 앉고 싶은 사람은 손을 드는데, 여러 명이 손을 들면 어떻게 할까?

민아　가위바위보로 정해요.

준우　그럼 이긴 친구가 그 자리에 앉고 진 친구는 다른 자리에 다시 도전해요.

교사　모두 오케이?

아이들　오케이!

교사　(어젯밤에 뒤척뒤척 고민한 보람이 있네.)

아이들이 자리를 놓고 쿨하게 가위바위보로 결정하자고 했지만, 혹시나 게임에 져서 자리에 앉지 못하고 실망할 아이들이 있을지 몰라서 퇴근 무렵부터 걱정이 되었다. 이걸 또 어쩌나 싶어 밤에 다양한 게임 방법을 찾아 인터넷 검색을 하다 콘서트 예매 사이트에서 좋은 자리를 차지하려고 대기했던 때가 떠올랐다. '얘들아, 선생님이 너희들도 티켓을 예매하는 심장 쫄깃한 경험을 하게 해줄게. 얼마나 짜릿한지 모르지?' 이렇게 하여 이야기자리 티케팅이 생겨나게 되었다.

| ROUND 1

3번 자리 승부, 응모 인원 2명: 참참참으로 승부

은수&미연: 참참참! (은수) 이겼다.

| ROUND 2

6번 자리 승부, 응모 인원 3명: 가위바위보로 승부

진우&승윤&가연: 가위, 바위, 보! (가연) 앗싸!

| ROUND 3

21번 의자 자리 승부. 응모 인원 수 7명으로 역대급 경쟁률: 뽑기로 승부

사랑&희수&미연&승욱&석훈&재성&승윤: (미연) 야호! 당첨! 내 자리야!

게임 방법이 점점 다양해졌고 승부에 임하는 아이들은 환호와 탄식을 번갈아 내뱉으며 즐거운 마음으로 티케팅 게임에 참여했다. 졌지만 끝끝내 승복하지 못하는 아이는 한 명도 없었다.

교사 이렇게 자리를 정해보니 기분이 어때?

희수 져도 재미있어요.

유치원 아이들의 학급 자치 이야기

미연 저는 두 번 도전해서 지금 자리에 앉게 되었어요. 그래도 재미있어요.

조용히 사부작거리는 아이들, 뒤를 돌아보는 아이, 옆의 아이를 건드는 아이…. 다양한 개성을 가진 아이들을 통제하기 위해 그동안 내가 맘대로 휘둘렀던 자리 결정권. '너희가 선생님이었어도 이렇게 결정했을 거야.'라는 마음으로 아이들 자리를 정하는 것을 교사의 특권이라고 생각했었다. 아이들에게 자리를 정해보라고 하면 자리 하나를 두고 서로 앉겠다며 싸우지 않을까 염려스러운 마음에 주저했었다.

그런데 큰마음을 먹고 아이들에게 자리 결정권을 넘겨보았더니 웬걸, 오히려 아이들은 티케팅 규칙을 지키며 질서 있게 자리를 정하는 모습을 보여주었다. 아이들 자리를 정하는 것은 교사의 당연한 권리라고 생각했던 고정관념이 깨진 순간이다. 자리 정하기 외에도 교사로서 내가 가진 고정관념은 또 무엇이 있을까? 은연중 당연하게 결정하고 통보했던 교사의 독재(?)는 앞으로 아이들과 생활하며 하나하나 깨야 할 나의 과제일 것이다.

아무튼 그동안 자리를 정한 후에 항상 불청객처럼 찾아왔던 불만 사항은 어디론가 날아가고 이번에는 즐거운 자리 정하기 에피소드만 남았다. '얘들아, 그동안 별말 없이 선생님이 정해준 자리에 앉아줘서 고마워. 자리에 대한 너희들의 불만이 조금이라도 풀렸으니 다행이다. 그나저나 이 방법 썩 괜찮은데!'

엄마 선생님

유치원 아이들의 학급 자치 이야기

환경판은
선생님 숙제

"크아아앙~ 크아앙, 나는 티라노사우루스다. 우우웅~ 우우웅, 길을 비켜라. 나는 브라키오사우루스다. 쿵쿵쿵~, 넌 누구니? 난 박치기 공룡인데요." 우리 반은 지금 백악기 공룡시대로 돌아갔다.

교사 (오늘도 공룡놀이에 푹 빠졌군. 그럼 이번 주에는 환경판을 공룡시대로 꾸며볼까? 공룡 머리에 아이들 얼굴 사진을 붙이면 완전 귀엽겠다.) 얘들아, 공룡처럼 해보면 선생님이 사진 찍어줄게.

성민 (손톱을 세우며) 크아앙, 난 티라노사우루스예요.

교사 으아앙, 티라노사우루스 무서워~. (찰칵, 찰칵)

유성 (손가락으로 머리에 뿔을 만들며) 저는 트리케라톱스예요.

교사 멋진 뿔을 가진 공룡이군. (찰칵, 찰칵)

선생님의 작품 전시용 환경판

우리 교실 뒷면 정중앙에는 아주 위협적이고 큰 환경판이 자리를 잡고 있다. 꼼지락꼼지락 만들기를 좋아하는 나는 환경판 꾸미기에 욕심이 많은 선생님이다. 여러 가지 재료를 총동원하여 멋진 환경판을 만들고 나면 왠지 모를 뿌듯함과 큰일을 해냈다는 성취감을 느낀다.

아이들과 함께 공룡을 꾸미고 익살스런 표정의 공룡 얼굴을 한 아이들의 얼굴 사진까지 붙이자 제법 그럴싸한 환경판이 완성되었다. '역시 나의 솜씨는 환상적이군. 아직 녹슬지 않았어.' 환경판을 보며 자아도취에 빠져 있을 때 준혁이가 조용히 다가와 조심스럽게 손을 뻗는다.

교사 (당황하며) 어~, 공룡을 만지면 안 되는데.

준혁 왜요? 내가 만든 공룡인데요.

교사 공룡에 핀이 많이 꽂혀 있어서 위험해.

공룡이 도망가는 것도 아닌데 환경판에는 아이들이 꾸민 공룡이 수많은 구슬핀으로 고정되어 있다. 핀 때문에 위험한 것도 있지만 사실은 아이들 손에 환경판이 훼손될까 봐 불안했다. 아이들 눈높이보다 높은 곳에 있는 환경판은 교사의 만족감을 채우는 공간이거나 이미 정해진 공간이라 어쩔 수 없이 전리품을 전시하는 곳일 뿐이었다. 그러던 어느 날부터 아이들은 내가 눕다시피 해야 볼 수 있는 빈 벽의 한

곳에 공룡 그림을 붙이기 시작했다.

> **교사** 왜 여기에 공룡을 붙였니?
>
> **다영** 여기가 편해요. 그리고 내가 바꾸고 싶을 때 맘대로 바꿀 수 있어요.
>
> **교사** (교실 환경판이 아이들에게 너무 높은가?)

나는 한 발짝, 두 발짝 뒤로 가서 구부정한 자세로 아이들 키에 맞추어 환경판을 바라보았다. 내 옆에 다가온 아이들은 만지지도 못하는 공룡을 먼발치에서 바라보며 "저거 내 공룡이에요." 하며 자랑을 한다.

> **윤서** 선생님, 저기 있는 공룡 나 줄 거예요? 집에 가져가도 돼요?
>
> **교사** 그럼, 조금만 더 전시하고 줄 거야.
>
> **라윤** 저는요? 내 것도 줄 거예요? 언제 줘요?
>
> **교사** 너희들이 만든 거니까 다 줄 거야.
>
> **준민** 내가 만든 거 갖고 놀고 싶은데….

아무거나 전시하는 우리들의 환경판

'내 것인 듯 내 것 아닌 내 것 같은 공룡.' 불현듯 이 노래가 입안에서 맴돈다. 아이들은 점점 본인들의 손에서 멀어진 환경판의 공룡에 관심을 보이지 않게 되었다. 대신 교실문, 교구장 사이의 빈 벽면의 자투리 공간이 아이들의 핫플레이스가 되었다. 아이들은 그곳에 자신들의 창의력이 넘치는 작품을 선생님과 별개로 전시하기 시작한 것이다. 하지만 좁은 공간에는 항상 텃세가 있기 마련이다.

진성 내가 이 자리에 붙였는데 내 그림 떼면 어떻게 해.

지윤 너만 붙이면 어떻게 해. 나도 붙이고 싶다고.

민재 차례를 지켜야지. 넌 다른 곳에 붙여.

지윤 다른 곳은 자리가 없잖아. 넌 많이 붙였으니까 나도 붙일 거야.

교사 (환경판을 아이들에게 내줘야 하나?)

이십 년 가까이 나의 전용 공간이었던 환경판을 아이들의 손에 맡겨야겠다는 생각이 들기 시작한 것은 아이들 간의 작은 다툼 때문이기도 했지만, 유아중심·놀이중심 교육과정으로의 변화도 한몫을 했다. 아이들의 편에서 생각해보니 열심히 공들여서 만든 작품을 친구들에게 소개하자마자 선생님이 뺏어가 손이 닿지도 않는 곳에 핀으로 박제를 해놓는 건 졸지에 눈 뜨고 코 베인 셈이었다.

나는 그제야 아이들 눈으로 교실을 둘러보았다. 아이들 눈높이로 환경판을 더 낮춰 달아볼까 고민도 했지만 교구장들이 레고 맞추듯 빼곡히 자리 잡고 있어서 쉽지 않았다. 일과가 마무리된 후 혼자서 이리저리 영역을 바꾸어보았지만 교구장 때문에 공간을 만들기가 어려웠다. '도저히 안 되겠네. 그간 가구에 얹혀살았나 싶군. 내일 아이들이랑 같이 해야겠어.' 복잡한 머리를 흔들며 주섬주섬 가방을 챙겨 집으로 향했다.

몸이 천근만근인 채로 출근하는 나와는 달리 아이들은 다음 날이 되면 에너지가 재충전되어 아침부터 '파이팅'이 넘친다. 아이들과 반갑게 인사를 나누며 아픈 곳은 없는지, 달라진 곳은 없는지, 기분은 좋은지 살폈다. 아이들의 자유놀이가 시작되고 잠시 환경판을 바라보니 공룡 몇 마리가 사라지고 없다. '뭐지? 공룡이 탈출이라도 한 건가?' 며칠 전부터 공룡 한두 마리가 매일 환경판 아래에서 뒹굴고 있어 핀이 약해져 떨어졌나 싶어 다시 단단히 고정했었다. 아이들의 놀이를 살피러 자리를 옮기려던 순간, 까치발을 들며 공룡을 만지는 우영이의 어색한 손놀림과 표정이 포착되었다.

교사 우영이 stop, 그 공룡!

우영 아니에요. 선생님, 공룡이 떨어져서 붙이려고 한 거예요.

교사 하하하, 뭐가 아니야. 우영이가 만든 공룡 가지고 놀고 싶어?

우영 (활짝 웃으며) 네~. 공룡은 움직여야 해요.

교사 그렇구나. 공룡이 움직이고 싶었구나. (아이구, 저 깜찍 발랄한 순발력 보소.)

포기는 배추를 셀 때나 쓰는 말이 맞나 보다. 포기를 모르는 아이들 때문에 공룡은 그들의 주인인 아이들 손으로 돌아가야 할 것 같다.

교사 너희들이 만든 공룡을 가지고 놀고 싶니?

주빈 네, 그런데 공룡이 너무 높은 곳에 있어요.

교사 선생님도 생각을 많이 해봤는데 친구들이 만든 것을 어느 곳에 전시해야 할지 장소를 못 찾았어. 오늘 선생님이랑 전시공간 찾기 해볼까?

아이들 네, 우리 맘대로 붙였다 뗐다 하면 좋겠어요.

미술놀이영역의 교구장 앞에서 한참을 서성거리던 승민이가 벽면에 고정되어 있던 바퀴 달린 교구장을 조심스럽게 움직여본다. "우와! 여기에 붙여요, 선생님." 승민이의 한마디에 아이들은 모여들며 보물창고라도 찾은 듯 환호성을 질렀다.

우리 교실 내벽은 벽지 대신 편백나무로 둘려져 있다. 나의 눈에는 소중히 관리해야 할 보호수 같은 벽면이지만 아이들의 눈에는 작품을 전시할 수 있는 보물창고 같은 공간으로 보였나 보다. 그러고 보니 편백나무 벽은 아이들이 그린 그림, 편지, 색종이 접기와 같은 작품을 테이프로 붙였다 떼었다 하여도 손상되지 않아 전시공간으로 활용하기에 딱이었다. 철통같이 방어했던 편백나무 벽면은 창의력 넘치는 아이들의 작품으로 채워졌다. 나와 아이들은 함께 교구장을 움직이며 다음 전시공간을 찾기 시작했다. 이때 복도에 있던 시아가 친구들을 애타게 부른다.

시아 여기 봐봐. 아무것도 없어. 우리가 만든 거 여기에 붙여도 될 거 같아.

유치원 아이들의 학급 자치 이야기

교사 와, 시아가 엄청 넓은 보물창고를 발견했네.

준하 선생님, 컴퓨터 책상에도 붙일 수 있어요.

시은 역할방 냉장고 문에도 붙일 수 있어.

교사 (얘들아, 거긴 좀…)

아이들의 눈높이에서 찾은 환경판은 작고 소소했다. 길쭉한 복도의 편백나무 벽면은 무엇을 붙여도 좋은 전시공간이자 놀이 장소였다. 향기 나는 편백나무 복도 벽면에는 어떤 날은 개미굴이 또 어떤 날은 자동차가 다니는 길이 꾸며졌다. 냉장고 문에는 점토로 만든 피자와 사탕이 붙어 있었고, 컴퓨터 책상의 옆면은 알록달록 색종이로 만든 작품들로 채워졌다. 가끔은 컴퓨터 모니터 테두리에 아이들의 사랑이 담긴 하트와 리본이 붙여지기도 하였다. 깔끔하게 정리되고 완벽하게 꾸며진 교실 환경을 고집하던 나의 모습도 아이들 때문에 점점 달라지기 시작하였다.

교실 안의 환경판은 어떻게 되었냐고? 아이들의 손이 닿기 힘든 환경판은 여전히 나의 전용 공간이고 숙제이다. 그렇지만 봄이 되면 꽃밭이 되고, 여름이면 시원한 바다가 펼쳐지는 환경판을 아이들도 나도 좋아한다. 선생님은 선생님대로 아이들은 아이들대로 자기만의 전시공간을 차지하게 된 우리들은 환경판이 바뀔 때마다 서로 자화자찬하느라 바쁘다.

교사 얘들아~, 여기 봐봐. 선생님이 바다를 만들었어. 어때 엄청 시원해 보이지? 바다 가고 싶지?

주혁 선생님, 여기 봐요. 우리는 상어가 헤엄치고 있어요. 아쿠아리움이에요.

교사 어쭈, 쫌 하는데. 그런데 여기 동글동글 말려 있는 건 뭐니?

채윤 크크크크크, 그건 똥이에요.

교사 똥? (너희들의 세계는 참 알다가도 모르겠구나.)

청출어람이라더니 아이들의 솜씨가 날이 갈수록 늘고 빛이 난다. 가끔은 눈만 붙은 우유갑(매미), 빨대가 붙은 요구르트 병(장수풍뎅이), 가늘고 기다란 화장지(뱀), 똥을 만들어서 붙이는 아이들 때문에 아방가르드한 전시관이 되기도 하지만 우리는 여전히 서로의 작품을 즐기며 이야기를 나눈다. '현대 미술이 별거 있겠니, 점 하나만 찍어도 작품이 되는데. 30년 뒤엔 우리 반에서 현대 미술의 거장이 탄생할 수도 있지 않을까?'

최근에 개원하는 유치원들은 환경판을 과감하게 없애기도 한다. 교육의 중심이 아이들로 이동하면서 아이들이 직접 환경판을 구성하게 되고 이에 따라 환경판의 재질도 쉽게 붙이고 뗄 수 있게 달라지고 있다. 아이들의 눈높이에 맞춘 환경판의 위치, 아이들이 직접 작품을 쉽게 붙일 수 있는 자석 환경판, 홈이 있어서 작품을 넣고 빼기가 쉬운 아크릴 환경판까지 유행 따라 변천을 겪고 있다. 교육의 주체가 누구인지 확실하게 보여주는 것 중의 하나가 환경판인 것 같다.

유치원 아이들의 학급 자치 이야기

4차원 테트리스,
모둠 책상 배치하기

코로나가 유행하면서 사회적 거리두기로 교실 책상과 의자, 앉는 자리 배치가 초등학교처럼 변했다. 감염병 확산을 막기 위해 모둠 형태의 책상을 전면보기 방식으로 배치하면서 심지어 유아용 개별 책상을 구입한 유치원도 있었다. 우리 반도 예외는 아니었다. 처음에 아이들은 초등학교 형님이 된 것 같다며 상당히 들떴다가 시간이 점점 지날수록 짝과 다투는 횟수가 잦아졌다. 그리고 고정된 자리로 인해 친구와 함께 놀기가 불편해지자 이내 자기 자리를 마음대로 벗어나 친구끼리 모여 앉아 놀았다. 소그룹 모둠활동까지 가능한 단계로 사회적 거리두기가 완화된 후 나는 책상을 예전과 같은 모둠 형태로 재배치해야겠다고 생각했다.

교사 얘들아, 그동안 불편했지? 이제 다시 예전처럼 책상 위치를 바꿀 수 있어. 얼른 바꾸자.

제아 그럼 이제 친구랑 함께 놀 수 있어요?

승민 나는 의자 자리에 앉고 싶어요.

다인 선생님, 나는 옛날 자리 싫어요.

예전으로 돌아가자고 하면 아이들이 좋아할 것이라 짐작했던 나의 예상과는 다른 반응이 나왔다. 아이들은 어른보다 변화를 두려워하지 않는 성향인 것 같다. 친구들과 모여서 놀 수 있다는 사실에 무척 기뻐하면서도 자리는 예전과 다른 형태로 앉고 싶은 모양이었다.

예전의 우리 반은 낮은 사각이나 반원 책상 두 개를 마주 보게 붙이거나 높은 책상 두세 개를 붙이고 의자를 놓은 형태로 모둠을 배치했다. 아이들은 의자가 놓인 높은 책상 모둠을 좋아해서 어떨 때는 서로 앉겠다고 다투는 바람에 뽑기를 하곤 했다. 모둠이 정해져도 하루 이틀 정도는 아이들의 불평이 뒤따랐다. 옆 친구가 맘에 안 든다, 나는 왜 의자 자리가 아니냐, 동그라미 책상에 앉고 싶다 등의 불만이었다.

아이들의 이야기를 듣던 나는 이 기회에 아이들에게 모둠 책상 배치를 맡겨보기로 했다. "그럼 너희들이 하고 싶은 대로 해볼래?" 내 말이 떨어지기가 무섭게 아이들은 가구점에서 나온 사람들처럼 이 책상 저 책상에 달라붙어 이리저리 옮기기 시작했다.

유치원 아이들의 학급 자치 이야기

지하 이쪽으로 가야 한다니까!

별이 아니야, 저쪽으로 가야 좋아.

유민 책상을 돌려, 돌리라고!

선하 비켜, 우리 자리야.

두세 명이 짝을 이루어 한 책상을 든 아이들의 모습은 천태만상이었다. 일단 책상을 들긴 했는데 합심이 안 되어 책상을 든 채로 서서 입씨름하는 팀, 책상을 내려놓을 생각은 안 하고 이리저리 들고 다니면서 옮기는 행위에 몰입해 있는 팀, 서로 먼저 자리 잡았다고 우기는 팀 등 누구 말처럼 6·25 때 난리는 난리도 아니었다. 우왕좌왕하는 아이들 모습에 나의 속은 터지기 일보 직전이었다. 처음 내 머리에 그렸던 모둠 배치도와 딴판으로 흘러가는 것은 그렇다고 쳐도 교실이 도떼기시장처럼 되어버렸다.

교사 얘들아, 책상을 들고 왔다 갔다만 하면 어떻게 해? 언제 정리가 다 끝나?

시은 난 여기에다 놓고 싶은데, 찬율이가 방해해요.

찬율 우리 책상이 먼저인데 다른 책상이 따라와서 모양이 이상해졌어요.

교사 어떻게 하면 좋을까?

지수 책상을 다 가운데로 모으고 싶어요.

제아 급식실처럼 길게 하고 싶어요.

우리는 투표를 통해 책상을 모두 가운데로 모으고 앉자는 의견과 급식실처럼 길게 놓자는 의견을 채택했다. 책상을 가운데로 모으자 아이들은 곧 자신들의 예상이 빗나갔음을 알았다. 책상을 한데 모아 놓고 겉 모서리 면으로만 둘러앉게 되자 앉을 공간이 생각보다 부족했던 것이다. 아이들은 두 번째 안인 급식실처럼 길게 놓는 책상 배열로 넘어갔다. 그랬더니 이번에는 교실 길이가 짧아 책상을 일자로 배열하기 어려웠다. "끝을 옆으로 놓아요." 다인이가 낸 의견에 동의한 아이들은 결국 책상을 ㄷ 자 형태로 놓자고 합의했다.

모형으로 모둠 모양 디자인하기

일주일쯤 지나자 몇몇 아이들의 입에서 불만이 터졌다.

선하 선생님, 자리 바꾸고 싶어요. 앞을 볼 때 자꾸 돌아앉아야 하니 불편해요.
승민 나는 빙~ 돌아서 가니까 안 좋아요.

주로 ㄷ 자의 오목한 부분인 교실 전면을 등지고 앉은 아이들에게서 나온 불평이었다. 교실의 한 가운데를 장대하게 가로지르는 ㄷ자형 책상 배치로 스트레스를 받은 아이들이 반의 절반 이상이라 다시 회의를 열기로 했다. 지난번에 가만히 아이들의 토론을 보고만 있었더니 아이들이 오래 헤맸던 기억이 나서 그날 오후에 교무실로 돌아와 책상 모양을 본뜬 색종이 조각을 만들었다. 다음 날, 아이들에게 빈 종이와 색종이 조각들을 주고 교실 배치도를 보여주며 모둠을 만들기 전에 모형을 이용해 함께 회의해보라고 했다.

삼삼오오 모여 앉은 아이들은 몇 개 안 되는 모양 조각을 이리저리 돌리면서 열띤 토론을 펼쳤다. 꽤 오랜 시간이 지나 교실 배치도 위에 모양이 붙여졌고 각 모둠의 이름이 지어졌다. 아이들의 얼굴에는 해냈다는 뿌듯함이 보였다. 비록 교실의 전면과 후면을 전혀 고려하지 않은 배치로 마무리되었을지라도 말이다.

교실 전면을 등지고 앉은 아이는 여전히 있었다. 하지만 이번 기회로 아이들은 전면을 등진 친구들의 불편함에 대해 고민하게 되었고 그 다음 모둠 구성에는 지금보다 더 나은 구도를 찾으려고 노력했다. 아이들의 경험을 토대로 시작된 협동 학습이었던 셈이다.

로뎅이 오뎅 되는 순간

226

내비게이션이 되어준
우리 반 애칭

보건선생님과 함께 등교한 수찬이는 홍당무처럼 빨개진 얼굴로 교실 문 앞에 서 있었다.

보건교사 이 친구가 해가람반 맞나요?

교사 네, 저희 반이에요.

보건교사 아이가 혼자 교실에 갈 수 있다고 해서 보냈는데 울면서 다시 1층으로 내려왔어요.

교사 수찬아, 무슨 일 있었어?

수찬 (눈에 눈물이 그렁그렁 맺혀서) 혼자서 교실에 못 오겠어요.

내가 있는 유치원은 다학급이라 신학기가 되면 종종 자신의 반을 찾지 못하는 각양각색의 아이들을 보게 된다.

유형1 교사의 도움을 받지 않고 혼자서 찾아보겠다며 이 반과 저 반을 기웃거리는 아이

유형2 교실을 찾지 않고 일단 울고 보는 아이

유형3 앞에 지나가는 아이를 무작정 따라가는 아이

유형4 현관에서 등교 지도 중인 교사를 찾아가 도움을 요청하는 아이

얼마 전에 예진이도 교실까지 신발을 들고 온 적이 있었다. 신발을 신발장에 두고 오라고 아이를 다시 1층으로 내려보냈는데 한참이 지나도 돌아오지 않아 가봤더니 우리 반 신발장을 찾지 못해서 헤매고 있었다. 이런 상황은 비단 수찬이나 예진이만의 일은 아니다. 학급이 많다 보니 자기 반 신발장을 찾아 헤매다가 다른 반 신발장에 대충 신발을 넣고 오는 아이들도 많았다. 그럴 때마다 교사들은 금도끼 은도끼의 산신령이 된다. 아이들을 줄 세워 신발장 앞을 순회하며 '이 신발이 네 신발이냐, 저 신발이 네 신발이냐?' 묻는 것이다.

신발뿐만이 아니었다. 비가 오는 날에는 신발과 함께 숨은 우산 찾기 전쟁이 시작된다. 우리 유치원 현관 앞에는 각 반 이름이 적힌 우산꽂이가 나란히 놓여 있다. 그러나 글자를 모르는 아이들은 일단 본인이 내키는 곳에 우산을 꽂고 교실로 들어오거나, 글자를 알더라도 반 이름이 비슷한 다른 반 우산꽂이에 대충 꽂아놓고 올 때가 있다. 이런

상황에서 우산에 이름마저 안 써졌다면 우산 찾기는 '서울에서 김서방 찾기'가 된다. 하교 시간에 교사들 단톡방은 깨똑이 계속 울린다. '깨똑, 깨똑, 깨깨깨똑똑! 이 우산 누구 걸까요? 분실물 찾아요, 여기 있는 것 우리 반 것 아니에요.'

> **교사** 수찬아, 여기 보면 반 이름표 옆에 곰돌이가…. (아, 엊그제 환경정리 하면서 내가 뗐구나. 작년 것이어도 그대로 둘 것을…. 다섯 살이면 충분히 반 이름을 읽을 것이라고 생각해서 없앴는데 떼지 말걸 그랬네.) 수찬아, 선생님이 우리 반을 빨리 찾을 수 있는 방법을 생각해볼게.

수찬이의 눈물을 닦아주며 나는 작년 일이 떠올랐다. 그때도 지금의 상황과 비슷한 일들이 자주 벌어져 교사들은 대책회의를 했었다.

> **교사1** 반 이름이 비슷비슷하니 사실 교무실에 있을 때도 보건선생님이 어느 반 담임을 부르는지 우리부터 헷갈리기는 해요. 엊그제 저 보셨죠? 빛가람반 선생님 부르는데 빛자람반 담임인 제가 대답했어요.
>
> **교사2** 애들 가방도 다 똑같아서 어느 반 아이인지 얼른 구분이 안 돼요. 가방 손잡이에 색깔이 다른 끈이라도 달아서 연령과 반을 표시하면 좋겠어요.
>
> **교사3** 똑같은 신발장과 똑같은 우산통도 숨은 물건 찾기의 원인이에요.
>
> **교사4** 부모님들도 등하교 시간에 아이 반 이름을 헷갈려하시더라고요. 투약함에 약을 넣을 때나 우산을 찾을 때 헤매는 분을 봤어요.

교사5 멀쩡한 물건들인데 새 물건으로 교체하기도 그렇고, 반 이름을 바꾸기도 어려우니 캐릭터를 사용하면 어때요?

교사6 좋은 생각이에요. 각 반에서 아이들이 좋아하는 캐릭터를 정해서 신발장, 우산꽂이, 각 반 명패에 붙이면 좋겠어요.

다음 날 교사들은 아이들이 좋아할 만한 캐릭터를 정해 눈에 쉽게 띄는 큰 사이즈로 출력하여 반 이름표 옆에 붙였다. 아이들이 뭘 좋아할지 몰라 이것저것을 놓고 고민하는 사이에 인기 있는 캐릭터는 벌써 다른 반 이름표 옆에 턱 하니 붙여졌다. 나는 우리 반 이름표에 장식으로 붙어 있는 무당벌레라도 얼른 붙여야 할 것 같아 더 고민하지 않고 그것을 반 캐릭터로 정했다. 그렇게 해서 우리 반은 내가 얼떨결에 선택한 무당벌레반이 되었다.

혼란을 줄이기 위해 서둘러 붙인 캐릭터들은 꽤 쓸모가 있었다. 적어도 아이들은 헷갈리지 않고 자기 신발과 우산을 찾아갔다. 그런데 부작용도 있었다. 반 이름 대신 캐릭터 이름을 부르기 시작한 것이다. 나는 무당벌레 선생님이었고, 교무실 내 옆자리에는 뽀로로 선생님이 앉아 있었다. 담임들이 후다닥 결정한 캐릭터가 개원 때부터 사용했던 학급의 공식 이름을 대신한 채 일 년이 흘렀고 그사이 우리는 반 이름을 잊고 지냈다.

유치원 아이들의 학급 자치 이야기

우리 반의 캐릭터를 만들자

'다시 캐릭터를 붙일까?' 수찬이와 대화하면서 가장 먼저 떠오른 생각은 예전처럼 캐릭터를 붙이는 것이었다. 그리고 기왕이면 이번에는 아이들에게 인기 있는 캐릭터를 붙여주고 싶었다.

물음표샘 인기 있는 캐릭터 추천 좀 해줘요. 학급이 많아서 그런지 애들이 사물함과 신발장, 심지어 교실을 못 찾아요. 교사들도 반 이름을 부르면 제대로 알아듣지 못할 때가 있어요.

팩폭샘 교사들도 헷갈리면 아예 반 이름을 바꾸는 게 낫지 않을까요? 아무도 사용하지 않는 반 이름이 공식 명칭으로만 남아 있는 게 되잖아요. 사실 유치원 반 이름은 제각각이라서 헷갈려요. 행정적으로 구분하기 위한 반 이름은 유아3-1, 유아3-2 이런 형태면 단순하고 편하겠다는 생각도 들긴 해요.

해피샘 비슷한 이름의 다학급은 이런 고민이 있군요. 학급 별명을 붙이는 거네요? 애들이랑 같이 지으면 좋겠어요. 얼마나 즐겁겠어요? 인터넷의 힘도 좀 빌려봐요.

낭만샘 처음 온 아이들은 정말 어리둥절하고 어디가 어딘지 모를 상황이겠군요. 친근하고 부르기도 기억하기도 좋은 이름이면 좋을 텐데 뭐가 있을까요? 그래도 반 이름이 별명에 묻혀 잊히는 건 좀 생각해볼 일인 것 같아요.

꼬꼬무샘 별명은 또 하나의 이름이에요. 이름을 부른다는 것은 존재를 칭하는 특별한 행위인데, 그걸 사용할 아이들이 받아들이고 동의해야 기분 좋게 사용할 수 있겠다는 생각이 드네요.

수업나눔 동아리 선생님들의 말을 들으니 이 말도 옳고 저 말도 옳았다. 어쨌든 아이들과 같이 사용할 이름인데 내가 또 혼자서 고민하고 끝내려고 했었다. '작년처럼 혼자서 결정하지 말자.' 내일 유치원에 가서 아이들의 의견을 들어봐야 할 것 같았다.

교사 우리 반 신발장을 찾는 것이 어려운 친구가 있대. 어떻게 하면 쉽게 찾을 수 있을까?

현우 우리 반 신발장에 곰돌이 그림이 있는데 그거 보면 돼요.

현아 그런데 그 곰돌이 그림을 옛날에도 봤는데…. 우리 언니가 다닐 때도 곰돌이였어요. 그럼 우린 곰돌이반인가?

지연 나는 곰돌이 말고 엘사가 좋은데….

한참 갑론을박을 이어가다 우리는 아예 캐릭터를 공개 모집하기로 했다. 이리하여 우리 반 캐릭터 공모전이 시작되었다. 나 역시 공모전 참가를 위해 인터넷에서 참고할 만한 자료를 검색했다. 세상은 넓고 아이디어는 넘친다. 인터넷에서 건진 기발한 반 이름들 가운데는 '양념반, 후라이드 반'과 '햇반'이 있었다. 특히 '양념 반 후라이드 반'의 반 이름표는 통통한 통닭이 먹음직스럽게 새겨져 있었고, 선생님은 반 소식지에 당당하게 이 이름을 사용하고 있었다. 이게 초등생들의 머리에

유치원 아이들의 학급 자치 이야기

서 나오다니 정말 창의적이었다. '과연 우리 아이들은 어떤 놀라운 캐릭터를 생각해 올까?' 부푼 기대를 안고 다음 날 아이들을 만났다.

아이들이 그려온 그림은 토끼, 고양이, 나비, 펭귄, 공룡, 무지개와 같은 평범한 것들이었다. 너무나 큰 기대를 해서인지 살짝 아쉬움이 있었지만, 이 또한 아이들이 원한 것이라 의미가 있었다. 마침 대통령 선거 기간 즈음이라 우리도 비밀투표를 통해 반 캐릭터를 결정하기로 했다. 어른이 된 듯 진지하게 투표하는 아이들의 얼굴에는 긴장감마저 돌았다. "두구두구두구, 무지개가 선정되었습니다." 드디어 올 한 해 함께 사용할 우리 반 애칭이 생겼다. 아이들과 나는 반 앞쪽 문 위에 부착된 학급 명패를 떼고 우리 반이 정한 애칭인 '무지개반' 이름표를 만들어 붙이며 매우 만족했다.

다음 날부터 아이들은 우리 반 애칭을 열렬히 홍보하였다. "이제부터 해가람반을 무지개반으로 불러주세요." 발 없는 말이 천 리 간다고 홍보한 지 며칠 만에 소문이 순식간에 퍼졌다. 유치원의 친구뿐만 아니라 교직원 모두가 우리 반 애칭을 알게 된 것이다.

문제가 해결되었다고 생각한 어느 날, 이번에는 우리 반 애칭으로 인해 새로운 혼란이 생겼다.

택배 기사 택배에 써진 주소는 해가람반인데 해가람반이 없네요?

찾아오는 체험 강사 혹시 해가람반은 어디에 있나요? 도저히 못 찾겠어요.

이제 우리 반 애칭을 모르는 사람이 없다고 생각했는데 택배 기사와 찾아오는 체험 강사처럼 유치원에 간혹 방문하는 외부 사람들의 불편함을 생각하지 못했다.

교사   오늘 찾아오는 체험 강사님이 늦게 들어오셨지? 우리 반이 무지개반인지 몰라서 헤매셨대.

현지   무지개반을 몰라요?

지연   왜 모를까?

현우   우리가 반 이름표를 무지개반으로 바꿨잖아.

교사   해가람반을 찾는데 우리 반 이름표에 '무지개반'이라고 쓰여있어서 찾기 어려우셨나 봐.

가영   그러면 무지개반 위에 '해가람'도 써줄까요?

찬영   해가람 무지개반?

아이들   좋아요.

현우   그럼 아래층에 있는 신발장 이름표랑 우산통 이름표도 엄마, 아빠들이 볼 수 있게 바꿀까요?

지연   맞아, 우리 엄마는 내가 무지개반인데 매일 해가람반이라고 하거든.

찬영   선생님 신발장 이름표도 내가 바꿔줄게요.

일부 아이들은 이야기가 끝나기도 전에 후다닥 미술영역에 가서 종이 위에 '해가람'이라고 굵게 글씨를 썼다. 아이들이 쓴 글씨를 반 이름표 위쪽에 붙이자 더는 해가람반이 어디냐라고 묻는 사람이 생기지 않았다.

삶의 불편함을 해결하려다 보면 또 다른 불편함이 생길 수 있다. 나와 아이들은 우리가 합의한 내용을 다른 사람에게 충분히 설명하지 않으면 오히려 혼란을 줄 수도 있다는 것을 깨닫게 되었다. 그 이후 우리는 어떤 것을 결정할 때 다른 사람에게 혼란을 주는지 아닌지, 모두에게 홍보하고 안내해야 하는 내용인지 아닌지 반드시 점검한다. '우리 반이 정한 새로운 애칭으로 또 다른 부작용이 생기거나 새로운 사건 사고가 생긴다 해도 그때 또 같이 해결하면 되겠지. 뭐가 걱정이야? 걱정은 멍멍이나 줘야지.'

교실 공간의
의미 파헤치기

우당탕탕! 심상치 않은 소리에 고개를 획 돌려보니 우왓! 컴퓨터 모니터가 떨어져 있다. 평소 호기심이 많은 하율이가 오늘도 내 자리에서 이것저것 만지다가 모니터를 밀었나 보다. 제 잘못을 아는지 나와 눈이 마주치자마자 도도도 줄행랑을 친다. '하율아, 내 팔다리가 네 것보다 길단다.' 하율이는 몇 걸음 못 가 나에게 붙들렸다. '에휴~, 어쩌겠어. 좋은 말로 타일러 봐야지!'

교사 하율아, 여기는 선생님 자리야.

하율 여기서 놀면 왜 안 돼요?

교사 선생님이 쓰는 날카로운 가위랑 칼 같은 위험한 물건이랑 컴퓨터가 있어서 그렇지. 선생님 자리 말고 하율이가 놀 곳은 교실에 많잖아.

유치원 아이들의 학급 자치 이야기

하율 하지만 여기서 놀고 싶어요.

교사 ···. (굳이? 여기서?)

학창 시절 선생님 자리는 신성불가침의 자리임을 당연하게 생각했던 나는 선생님 자리에서 놀고 싶다는 아이의 당당한 요구에 잠깐 할 말을 잃었다.

교사 (사장 자리에 앉고 싶은 신입 사원의 마음, 뭐 이런 거랑 비슷한가?) 왜 선생님 자리에서 놀고 싶은데?

하율 그냥, 여기는 뭐가 많아요.

비단 하율이뿐만 아니라 다른 아이들도 몰래 내 자리 의자에 앉거나, 피아노와 키보드를 눌러보기도 하고 수화기를 들어서 귀에 대보는 등 내 흉내를 내는 것을 종종 봐왔던 터다. 교실 안의 선생님 자리에는 작은 컴퓨터 책상과 보조로 사용하는 유아용 높은 책상이 있었다. 보조 책상에는 연계일지와 관찰기록일지 같은 중요한 서류가 있고, 송곳이나 커터 칼 등의 사무용품들이 놓여 있었다. '선생님 곁에서 놀고 싶은 마음은 이해하지만, 너희도 너희 자리가 있듯이 나도 내 자리가 있는 거야. 그러니 여기는 접근 금지, 오케이?'

선생님의 책상을 차지하려는 아이들

하율이에게 설명하고 다른 아이들과도 선생님의 자리에서 놀지 않는다고 약속을 정해보지만, 그것을 곧이곧대로 지키는 아이들은 극히 소수다. 아이들은 여전히 내 자리에 와서 사부작사부작 놀았고, 그런 아이들이 안전하게 있는지 지켜보면서 못 본 척 눈을 감으며 지냈다. 그러던 어느 날, 아이들이 앉는 자리를 바꾸고 싶다고 했다.

교사 얘들아, 자리 바꾼 김에 모둠 자리도 바꿔보는 것은 어때?

시원 선생님. 저는 높은 책상이 더 많으면 좋겠어요.

교사 응? 높은 책상을 더 많게? 그런데 시원아, 우리 반에 높은 책상은 저게 전부
      인데 어떡하지?

시원 선생님 자리에 책상 하나 더 있잖아요.

교사 (보조책상으로 사용하는 높은 책상을 가리키며) 이거?

시원 네! 선생님 자리에 있는 책상을 우리 주면 되지요.

교사 그럼 선생님은 어떡해?

성준 선생님은 컴퓨터 책상만 써요.

교사 뭐라고? 선생님 물건들이랑 이런 것들은 어떻게 하고?

온유 몰라요. 선생님 책상 주세요.

난데없는 요구에 내가 당황하자 아이들은 모두가 한마음이 되어

선생님 자리에 있던 높은 책상을 빼앗아 자기들이 써야겠다고 우기기 시작했다. '이 책상을 주면 애들 공간과 구분해서 내가 수납할 공간이 사라지는데 어떻게 하지?' 초등학교 교실과 다르게 유치원 교실에는 아이들 안전을 위해 어른들 사이즈에 맞는 가구를 놓지 않는다. 그러다 보니 선생님은 유아용 의자에 쪼그려 앉고, 선생님 전용 책상도 없다.

고작 유아용 높은 책상 하나를 가져와서, 나 혼자 쓰는 것도 아니고 아이들 수업 자료를 수납하고 관찰일지와 같은 최소한의 서류를 두는 공간으로 사용하는데 아이들은 이것조차도 내놓으라고 우기는 건가? 어처구니없는 이 상황에 솔직히 화가 났다. '얘들아, 선생님은 제대로 된 책상도 의자도 없는데 이것마저 뺏어야 되겠니? 그럼 이 교실에 내 공간은 어디 있는데?'

아이들과 함께 교실 배치도 그리기

'이 기막힌 상황을 널리 알려야 한다!'는 비장한 각오로 옆 반 선생님을 보자마자 나는 우리 반 아이들의 황당한 요구를 털어놓았다. 선생님은 웃음을 빵 터트리며 아이들 생각이 너무 사랑스럽다고 한다. '선생님, 나도 우리 반 애들 이야기가 아니면 같이 배꼽 잡고 웃었을 거예요. 내 입장이 되어보세요. 웃음이 안 나와요.' 옆 반 선생님은 아이들에게 선생님 자리가 필요한 이유와 그 공간의 의미를 솔직히 이야기해

보라고 하셨다. '공간의 의미? 그래, 한번 애들이랑 솔직 담백 토크를 해보자!'

아이들도 선생님의 상황과 마음을 알아야 하니, 서로의 입장을 허심탄회하게 털어놓자는 마음으로 전지를 꺼내 왔다. 나는 학창 시절에 전공 과제를 위해 교실 배치도를 그렸던 추억을 떠올리며 사물함, 책상과 교구장, 피아노와 컴퓨터 책상이 있는 선생님 공간을 그렸다. 전지 위에 매직으로 정체불명의 사각형을 많이 그리고 있으니 아이들이 옹기종기 다가와 묻는다.

지유 선생님, 지금 뭐 해요? 왜 네모를 그리고 있어요?

교사 우리 반 교실 배치도를 그리고 있어. 이건 친구들 사물함 자리고, 이건 뭘까?

윤후 쌓기영역 매트요.

지아 우리 모둠 책상도 그려줘요.

주하 그런데 이건 왜 그려요?

교사 (오, 주하! 질문 잘했어.) 너희들이랑 선생님 자리에 대해 의논해보려고. 너희들이 어제 선생님 책상을 내놓으라고 했는데, 선생님은 이 자리가 꼭 필요하거든. 그래서 배치도를 보면서 함께 고민하자고, 어때?

교실 배치도라는 낯선 단어에 갸우뚱하던 아이들은 언제 그랬냐는 듯 교실 여기저기를 떠올리며 배치도 그리기에 참견하기 시작했다.

유치원 아이들의 학급 자치 이야기

교사   너희들 혼자서 쓰는 공간을 찾아보자. 나만의 공간은 어딜까?

윤슬   사물함이랑 물병 놓는 자리요.

교사   물병 놓는 자리는 나만 사용하는 공간일까, 같이 사용하는 공간일까?

서은   물병 놓는 자리는 같이 사용하는 공간이에요.

교사   그럼 나만 사용하는 사물함 같은 공간과 물병 놓는 자리처럼 같이 사용하는 공간이 구분되게 다른 색으로 칠해볼까?

다 그려진 교실 배치도를 보며 아이들과 '나만의 공간'을 찾아보았다. 개인 공간과 함께 사용하는 공간을 다른 색으로 구분하여 색칠하자 했더니, 내 사물함은 내가 색칠하겠다는 독립심 강한 주장 덕분에 개인 사물함 자리가 알록달록해졌다. '함께 사용하는 공간'은 서로 역할을 분담하여 색칠하기로 했다. 그러다 제각각 원하는 색이 달라서 '함께 사용하는 공간'도 '나만의 공간'처럼 여러 색깔이 뒤섞인 채로 끝났지만, 어쨌든 시도는 좋았다.

교사   우리 반 교실이 여러 색깔로 예쁘게 채워졌네. 그런데 색이 칠해지지 않은 공간이 있어. 여기는 어디지?

하율   선생님 자리예요.

교사   선생님 자리 진짜 좁지 않니? 그리고 이 책상으로 너희가 노는 곳과 선생님 자리를 구분하는데 이걸 가져가면 선생님 자리는 더 좁아지겠네?

지아   (분위기를 살피다가) 얘들아, 그러면 선생님 책상은 그냥 둘까? 나는 선생님 책상에서 약도 바르고 종이접기도 해.

윤후 그래. 그냥 놔두자. 선생님이 우리 장난감 고쳐줄 때도 이 책상 쓰잖아.

교사 (오잉? 이게 웬 떡이지?) 봐봐, 선생님 자리에서 너희들도 많은 걸 하고 있잖아.

민서 선생님이 책상 아래에서 클레이 꺼내줬으니까 그냥 두자.

아이들은 선생님 자리에서 했던 경험을 하나하나 늘어놓기 시작
했다. 약을 먹는 곳, 다친 상처에 약을 바르는 곳, 장난감이 고장 났을
때 고쳐달라고 가져오는 곳, 선생님이 피아노를 치는 곳.

교사 (고지를 탈환한 기분을 만끽하며) 그런데 너희들 이야기를 들어보니 선생님만을
위한 공간이 아닌 것 같네?

민서 선생님 자리긴 한데, 우리도 같이 사용하는 공간이네.

석훈 응, 선생님이 우리를 도와주는 곳이야.

교사 아하, 석훈이 말대로 선생님 자리는 선생님이 친구들을 많이 도와주는 공간
이기도 했구나. 그럼 무슨 색을 칠해볼까?

아이들은 신이 나서 선생님 자리를 빨간색으로 칠하기 시작했다.
하필 왜 빨간색을 칠하느냐고 물었더니 다쳤을 때 약도 바르고 119처
럼 달려오는 것이라서 그렇다는 상당히 논리적인 대답을 들었다. 아무
튼 빨간색을 끝으로 우리 반 배치도는 완성되었다.

교사 다 됐다! 나만 사용하는 공간은 알록달록 색이고, 함께 사용하는 공간은 뒤죽박죽 색이네. 빨간색으로 칠해진 공간은?

윤후 선생님 자리예요!

교사 선생님 자리는 어떤 공간이라고 하면 좋겠어요?

지아 우리 도와주는 공간이요.

교사 그럼 선생님 자리라 하지 말고 친구를 도와주는 자리라고 이름을 바꿔볼까?

주하 아니요! 빨간색 자리라고 해요!

교사 아, 그래. 그것도 좋은 생각이구나.

아이들과 함께 교실 공간을 그려가며 다시 보니 우리 반 교실이 새롭게 보인다. 아이들은 배치도를 보며 각 공간을 사용할 때 지켜야 할 약속에 대해서도 자연스럽게 이야기를 나누었다. 이제까지 교실을 사용하면서 나도 이렇게 분류해볼 생각은 못 했었는데, 아이들의 행동이 교실 공간을 파헤쳐보는 계기가 되었다.

교사 빨간색 자리에 있는 책상은 그냥 그대로 둬도 되겠지?

민서 네, 거기 둬요. 나중에 필요하면 그때 또 이야기할게요.

교사 (덕분에 내가 필요한 공간은 사수한 셈인가?)

아이들의 당돌함에 때로는 뒷목을 잡기도 하지만 그래도 이런 아이들 덕분에 웃으며 유치원 생활을 하는 것 같다. 선생님 자리 문제는 언제일지 모르는 나중으로 미뤄졌지만, 이 기회에 교실 속 공간을 파헤치며 그 의미에 대해 알아보았던 시간은 아주 유익했다. '감히 선생님 책상을 빼겠다고?' 괘씸한 마음에 아이들에게 선생님의 불만을 이야기하며 시작했던 교실 배치도 탐색을 통해 나와 아이들은 교실 공간을 새롭게 돌아볼 수 있었다. 처음에는 '여긴 선생님 자리!'라고 선을 그어 선생님만의 전용 공간을 교실 안에서도 조금은 사수해보겠다는 사심이 있었다. 하지만 아이들과 공간의 의미를 들여다보니 선생님 자리 또한 나와 아이들이 공유하는 공간이었다.

이번 기회를 통해 나는 아이들과 자치를 실천해보겠다고 다짐해 놓고는 교실 공간 속에서 교사의 권위를 포기하지 못했던 이중적인 모습을 발견할 수 있었다. 가장 먼저 서로를 존중하고 배려를 실천해야 할 선생님이 아이들보다 자치에서 멀리 떨어져 있었던 것이다. 오히려 나보다 어린 아이들이 자치하는 모습을 더 많이 보여주는 것 같았다. 옛말에 세 살 먹은 아이에게도 배울 것이 있다더니 정말 그렇다. 공간이든 뭐든 서로를 존중하고 배려하는 마음이 자연스럽게 흘러나와야 자치가 가능하지 않을까?

선생님은 번역기

그때는 맞고 지금은 틀린, 생각이 달라지는 공간 이야기

공간은 사람에게 매우 많은 영향을 끼친다. 굴지의 기업들이 다채로운 색채가 가미된 창의적인 디자인으로 사무실을 재구성하는 것은 공간이 주는 창의성과 업무 효율성에 주목했기 때문이다. 최근에 교육 현장도 사용자 참여 설계를 통한 학생 중심 공간혁신의 중요성을 강조하며 공간 구성에 대한 학생 참여권을 보장하고 있다. 공간은 시대에 따라 변화를 거듭하는 유기체와 같은 성질을 가졌다. 그때는 맞고 지금은 틀린, 알고 보면 재미있는 공간 이야기!

A   처음 발령받은 곳은 초등학교병설유치원이었어요. 오래된 학교였는데 초등학교 교실 일부를 개조해서 유치원 교실로 만든 곳이라 초등학교 교실과 별반 다르지 않았죠. 유치원 전용 자료실이나 교무실이 없는 작은 학교여서 공간도 부족했어요. 교실 안에는 선생님이 사용하는 큰 사무용 책상과 컴퓨터, 바퀴 달린 회전의자가 있었어요. 아이들이 사용하는 의자와 책상보다 두 배 정도 큰 덩치를 자랑하는 가구가 전면에 놓여 있었는데 그때는 그런가 보다 했어요. 초임이라 경험치도 부족한데다 대부분 교실이 그런 형태여서 저도 그냥 자연스럽게 앉아서 수업하고 업무도 처리했던 기억이 나요. 그때의 제 자리는 당연히

아이들이 오면 안 되는 곳이었어요. 키가 작은 아이들이 책상 근처에 와서 모서리에 찍히기라도 하면 안 되니 가까이 오지 말라고 신신당부를 했죠. 지금 생각해보면 책상을 교체하면 될 일이었는데 말이죠. 그때의 저는 교실 구성은 당연히 교사가 알아서 하는 일이라고 여겼어요. 아이들도 교실 구성에 대한 권리가 있다는 생각 자체를 하지 못했어요.

B 학교자치에서 교직원 화장실이 따로 있는 것에 대해 논의가 벌어졌던 사례를 보면서 유치원 화장실이 떠올랐어요. 요즘은 유아 화장실이라고 해도 변기 크기를 중형 이상으로 설치하니 어른들이 같이 사용해도 문제가 없죠. 그런데 예전에는 영아용 변기를 배치하고 맨 끝에 어른용 변기를 하나 놓는 형태의 화장실도 있었어요. 큰 변기가 놓인 화장실 문에는 교사용이라고 쓰여있고요. 그런데 이런 화장실 배치는 여자아이들이 힘들어요. 남자아이들보다 화장실 사용 시간이 더 필요한데, '교사용' 칸에는 들어갈 생각을 하지 못하고 소변을 참으며 발을 동동 구르고 있거나 먼저 들어간 친구에게 빨리 나오라고 재촉하더라고요. 너무 급한 아이들이 '교사용'을 사용하면 다른 아이들이 저에게 신고했죠. 마음대로 사용해도 된다고 했지만, 아이들은 어른용 변기를 사용할 때마다 선생님 공간을 침범한다는 생각이 들었는지 자꾸 허락을 받으려고 했어요. 나중에 화장실 환경 개선비를 받아 공사를 하면서 변기를 모두 중대형으로 바꾸고 체구가 작은 아이들을 위해 발판과 보조 의자를 구비하자 훨씬 나아졌어요. 교사용 화장실은 따로 필

요치 않게 되었고, 말할 것도 없이 여자 화장실의 혼잡도 줄었거든요.

C 교실 안에 특별히 선생님 전용 공간을 만들 생각은 없지만 유아들에 비해 신장이 큰 교사를 위한 의자는 있었으면 좋겠어요. 의자랑 책상이 어른 체구에 맞지 않아 힘들 때가 많아요. 몸집이 아담한 교사들도 유아용 의자에 앉아서 장시간 함께 활동하는 게 쉽지 않은데, 키가 크고 체격이 큰 선생님들은 앉는 것부터 힘들거든요. 그래서 허리 디스크로 고생하는 교사들이 종종 있어요. 그렇다고 멀쩡한 가구를 바꾸자니 예산 낭비라 쉽게 바꾸지 못해요. 또 유아용 가구와 성인용 가구의 높낮이가 달라 아이들 안전에 문제가 되고, 전체적인 교실 환경에 어울리지 않다는 이유로 번번이 구입이 무산돼요. 차라리 그 돈으로 아이들 교구를 사지요. 최근에 유치원 교실에서 사용하는 교사용 책상과 의자가 시중에 나왔다고 하는데, 유아용 책상과 의자보다 살짝 큰 정도라서 유아용과 큰 차이가 없다고 해요. 요즘은 유아중심이라고 해서 모든 것을 아이들 위주로 생각하는 문화가 있긴 하지만, 유치원 교실은 교사도 생활하는 공간인 만큼 교사의 근무 환경은 다른 기준으로 생각해봐야 하지 않을까요? 건강하지 못한 교사가 아이들과 행복하게 생활할 수 없잖아요.

D 삼월의 급식실은 아이들에게 반드시 적응해야 할 과제예요. 초등학교병설유치원은 초등학생과 급식실을 같이 사용하는데 세 살 아

유치원 아이들의 학급 자치 이야기

이는 자기 가슴팍보다 높은 배식대에 식판을 놓고 옆으로 이동하며 음식을 받는 연습을 한참 해야 해요. 먼저 배식대에 식판을 올려놓고 까치발로 옆으로 이동하면서 배식을 받고 긴 식탁을 따라 자기 자리까지 도착해요. 그다음에 식탁에 붙어 있는 회전의자를 힘주어 당겨서 공간을 만든 후 등산하듯이 올라가 앉아요. 식탁과 의자도 커서 어깨를 잔뜩 올리고 밥을 먹어야 해요. 다행히 지금은 급식실 환경개선으로 식탁과 의자를 교체하면서 약간 낮은 식탁과 작은 의자가 몇 개 배치되었어요. 그때 교직원회의에서 식탁과 의자 문제로 여러 차례 논의를 했어요. 유치원 아이들과 초등 저학년용 식탁이 많으면 다음 타임에 들어오는 3~6학년 학생들의 체격에는 안 맞아서 불편하다는 의견이 있어서요. 결국 세 개의 식탁만 교체하는 것으로 정리가 됐어요. 급식실은 한정된 공간인데 유치원부터 초등학교 6학년, 전 교직원이 함께 사용하려면 모두를 만족시킬 수 없어요. 어찌 보면 가장 많이 배려받아야 할 유아들이 가장 많이 배려하고 있는 셈이죠.

E 아이들은 강당에서 뛰어노는 것을 좋아해요. 미세먼지, 황사, 폭염 같은 자연적 제약이 많아지면서 바깥놀이를 대체하기에 강당만한 곳도 없죠. 제가 첫 발령을 받았던 곳은 오래된 학교였는데, 큰 강당에 높은 무대가 있었어요. 무대 위에 보면대, 사회대, 강연대 같은 물품들이 놓여 있기도 해서 아이들이 올라가서 놀고 싶다고 하면 안 된다고 했어요. 혹시라도 놀다가 아이들이 떨어지면 다칠까 무섭기도 했고, 강

당을 같이 사용하는 다른 반 학생들도 올라가서 노는 사람이 한 명도 없었기 때문이죠. 왠지 무대는 올라가서는 안 될 불가침 구역으로 여겨졌죠. 그래서 저는 나중에 발령받은 유치원에 가서도 되도록 강당의 무대에는 올라가지 않고 놀도록 아이들을 단속했어요. 그런데 무대가 낮은 강당이 있는 곳으로 발령이 나면서 생각도 달라지더라고요. 무대의 턱이 높지 않으니 아이들이 쉽게 올라가 앉아서 쉬기도 하고, 블록놀이나 보드게임을 하기도 했어요. 무대도 강당의 한 공간일 뿐인데 그전에는 왜 그렇게 아이들을 못 놀게 했는지 모르겠어요. 공간에 따라서 놀이와 생각이 많이 달라지는 것 같아요.

요꼬지 뒷이야기

유아·놀이중심을 지향하는 개정 누리과정의 시작과 4차 산업혁명 시대를 맞아 교실 환경도 많이 달라졌다. 특히 코로나로 인해 원격수업이 빠르게 확산되면서 노후화된 학교 환경의 첨단화에 많은 관심과 지원이 이루어졌다. 아울러 사용자중심 공간혁신으로 학교를 탈바꿈시키기 위해 각 시도교육청과 학교들이 다방면으로 노력 중이다. 설계부터 학생과 교사, 학부모가 참여하는 사용자중심 공간혁신은 아이들의 생각과 생활도 바꿀 수 있게 만드는 기회이다. 유치원에서도 아이들의 공간 주권을 인정하면서 놀이영역이 명확히 구분된 교실 구성과 커다란 환경판이 사라지고 공간 구성의 유연성과 자율성이 대폭 확장되었다. 앞으로의 교실이 또 어떻게 바뀔지 아직 모르겠다. 변화되는 흐름을 읽고 교육에 반영해야 하는 교사는 나이를 먹어가도 끊임없이 트렌드를 읽는 눈을 가져야 한다. 당장에 유치원 공간혁신이 어렵다면 적어도 내 교실 안에서 아이들을 위한 공간혁신은 시도해볼만하지 않은가? '나 때는…'으로 입을 뗄 때는 라떼 세대가 되지 않도록 오늘도 열심히 노력해보자.

유치원 아이들의 학급 자치 이야기

4장

특별한 날을 위한
잔치

아무 날
시상식

놀이시간에 시연이가 호떡집에 불난 소식을 알리듯 교실에 있는 친구들을 크게 부른다.

시연   애들아, 도린이 토요일에 그림그리기 대회에 나가서 상 받았대!

아이들   우와, 좋겠다. 우리 오빠도 피아노 대회에서 상 받았어. 우리 언니도 학교
에서 상 받았어. 나는 집에 상이 백 개나 있어.

영서   무슨 상 받았어? 선물도 받았어?

도린   응, 장려상. 선물도 받았어. 아빠가 잘했다고 장난감 사준다고 했어. 좋겠지!

도린이의 수상 소식에 교실은 삽시간에 과대광고와 허위광고가 판을 치는 가상세계로 변했다. '나는 상을 열 개나 받았다.'라는 과장부터

가족들의 수상 이력까지, 확인되지 않은 상 이야기로 교실은 시끌벅적했다. 친구의 수상을 축하하며 부러워하는 아이들도 있고, 사돈이 땅을 사 배가 아픈 사람처럼 시샘하는 아이들까지 반응도 다양했다. 몇몇 아이들은 언제나 그랬듯 다른 사람의 일에는 관심 없이 자기 놀이를 즐겼다.

아이들의 이야기를 듣고 있으니 방 벽면이 상장으로 도배된 '세상에 이런 일이' TV 프로그램 출연자가 우리 반에 있을 것 같았다. 순간 상장으로 가득 찬 교실 벽을 상상했다. 터무니없이 과장된 상 자랑에 너도나도 동참하는 아이들을 보니 상을 받는다는 것은 아이, 어른 할 것 없이 자랑스럽고 기쁜 일임이 틀림없나 보다.

하윤   나도 상 받고 싶다.

건우   나는 그림 잘 못 그리는데, 그럼 상 못 받는 거야? 힝~.

지성   우리 누나처럼 피아노 대회 나가면 돼!

건우   나 피아노 칠지 모르는데.

승희   나는 네 살 때 유치원에서 상 받았어. 너희들도 받았잖아. 기억 안 나?

교사   친구들은 어떤 상 받았어요?

아이들   예절상, 독서상, 발명가상, 음악상⋯. 몰라요.

교사   건우는 왜 발명가상을 받았어요?

건우   몰라요, 선생님이 줬어요. 근데 발명가가 뭐예요?

유치원 아이들의 학급 자치 이야기

자기가 받은 상 이름은 알지만 왜 그 상을 받았는지 이유를 모르는 아이, 어떤 상을 받았는지도 기억하지 못하는 아이도 있었다. '아이들은 상을 받고 싶어 하는데 왜 자기가 받았던 상은 기억하지 못하는 걸까?' 물론 시간이 흘러서 자연스럽게 잊었을 수도 있다. 어쩌면 상장을 못 받아 서운한 아이가 없도록 교사가 독서상 다섯 명, 예절상 다섯 명, 음악상 다섯 명 식으로 공평하게 상을 나눠줘서 그런 것은 아닐까 생각해본다.

나는 졸업 준비기간이 되면 상장 목록과 아이들 명단을 나란히 두고 비슷한 것끼리 짝짓는 문제를 풀듯 이리저리 줄을 이으며 아이들 특성에 맞게 상을 주려고 며칠간 고민했다. 어떤 아이는 만능 엔터테이너 같아 아무 상이나 줘도 어울리고, 어떤 아이는 상장 목록에 없는 다른 재능이 있어 무슨 상을 주어야 적합할지 한참 생각할 때도 있었다. 그렇다고 그 아이만을 위해 새로운 상을 만들어줄 정성도 용기도 없었다. 졸업식 당일이 되면 그간에 했던 나의 고민이 무색할 정도로 상장을 손에 든 아이들은 상보다 선물이 무엇인지 예측하기 바빴다. 나는 상장에 얽힌 그동안의 경험을 떠올리다 상을 받고 싶어 하는 아이들의 욕구를 채워주기 위해 무엇이라도 시작하고 싶었다.

교사 친구들아, 상은 왜 주는 걸까요?

아이들 잘했다고요. 1등 해서요. 칭찬해주려고요.

교사 친구들은 어떤 상을 받고 싶어요?

아이들은 받고 싶은 상이 뭐냐는 질문에 쉽게 답하지 못했다. 상은 받고 싶은데 내가 어떤 상을 받고 싶은지, 나는 무엇을 잘하고 좋아하는지 스스로 알지 못하는 것 같았다. 그런 아이들을 위해 나는 '나에게 주고 싶은 상'을 만들자고 제안했다.

교사 나에게 주는 상은 내가 잘하고 좋아하는 것, 또는 앞으로 노력해서 잘하고 싶은 것에 대해 주는 상이에요.

건우 나는 공부를 잘해요.

현주 선생님, 저는 뭐 잘해요?

민성 너 블록 잘 빼잖아.

여진 선생님, 블록 잘 뺀다고 상을 줄 수는 없지요?

교사 왜요? 그런 것을 잘하는 친구에게 상을 주면 안 되나요?

잘하던 일도 멍석을 깔아주면 안 한다더니 받고 싶은 상을 만들자는 내 말에 쉽게 대답하지 못한 아이들이 있었다. 상을 받을 정도로 남들보다 잘하는 게 무엇일까 생각하니 답이 안 나오는 모양이었다. 아이들의 마음이 충분히 이해되었다. 누군가 나에게 불쑥 '뭐 잘하세요? 당신은 어떤 상을 받고 싶으세요?'라고 묻는다면 나도 쉽게 입이 떨어지지 않을 것 같다. '이런 걸 말해도 될까? 나보다 더 잘하는 사람들이 있는데 내가 이 상을 받고 싶다고 하면 비웃지는 않을까?' 망설이다 시간초과로 기회를 박탈당할지도 모른다는 상상을 해본다.

유치원 아이들의 학급 자치 이야기

내 속에 너무도 많은 나를 찾아서

나에게 주고 싶은 상은 남들보다 잘하고 뛰어나서 받는 것이 아니라 다양한 것들로 채워진 나의 모습 중 내가 좋아하고 잘하는 것으로 받을 수 있는 상이다. 나도 잘 몰랐던 내 안의 다양한 나와 마주하며 '나는 특별하다, 나는 할 수 있다.'라는 자존감을 느끼게 해주고 싶었던 것이 상을 주는 목적이었다. 난감해하는 아이들을 위해 나는 최면술사로 변한다.

> **교사** 자, 눈을 감습니다. 레드썬! 눈을 감고 내가 좋아하는 것들을 떠올려봅니다.
> 무엇이 보입니까? 내가 즐거워하고 있습니까? 이번에는 내가 잘하는 것들을
> 생각합니다. 나는 무엇을 잘하고 있습니까? 내가 더 잘하고 싶은 것을 생각
> 합니다. 나는 무엇을 잘하고 싶습니까? … 이제 눈을 뜹니다.

키득키득 웃으며 실눈을 뜨고 다른 친구들 모습을 보던 아이들은 눈을 감아야 생각이 잘 난다는 나의 말에 자세를 바로잡으며 자신이 잘하는 것을 떠올리기 시작했다. 어느새 교실은 나의 목소리와 명상음악 소리만 들릴 정도로 조용해졌다.

최면 놀이의 효과일까? 아이들은 스스로 무엇을 잘하는지 묻고 답하며, 머뭇거리는 친구에게 "너는 이것도 잘해."라고 알려주기도 했다. 잘하는 것도 좋아하는 것도 너무 많아 도대체 어떤 것을 선택해야

할지 모르겠다면서 이마에 손을 짚고 고민하는 아이의 모습에 웃음이 터져 나왔다. 기왕이면 다홍치마라고 이번 일을 통해 아이들이 자신의 다양한 매력을 발견하는 것뿐만 아니라 서로의 다름과 차이를 인정하는 기회가 되길 바랐다.

나는 고민에 빠진 아이들에게 한 가지 고민을 더해주었다. 받고 싶은 상 이름과 상장에 들어갈 문구도 스스로 생각해보자고 한 것이다. '생각하는 로뎅'으로 변신 중인 아이들, 누군가 시작만 해주면 응용력이 폭발할 텐데 과연 누가 그 테이프를 끊어줄 것인가 기다리고 있을 때 세현이가 말했다.

> **세현** 선생님, 저는 캠핑 수건돌리기 상 받고 싶어요. 저는 캠핑이랑 수건돌리기를 제일 좋아하거든요. '매일 캠핑 가서 수건돌리기를 하고 싶어 이 상을 줍니다.'라고요.

세현이 말에 아이들은 "그게 뭐야? 그런 건 안 되지." 하며 나무랐다. 나는 아이들에게 우리 반의 약속인 '다른 사람의 의견을 비난하거나 비웃지 않고 존중하기'를 다시 상기시켜 주었다. 이럴 때면 어김없이 "괜찮아, 그렇게 해도 돼. 자기가 정해서 하는 거잖아."라며 깔끔하게 상황을 정리해주는 아이가 있다.

상장이 완성되고 아이들과 '나에게 주고 싶은 상' 시상식을 했다. 상을 주는 사람도 받는 사람도 나인 시상식. 그 어느 시상식보다 수상

유치원 아이들의 학급 자치 이야기

자에게 집중하며 힘찬 박수와 응원을 보내고 가끔 배꼽 빠지게 웃기도 한 소중한 시간이었다. 시상식이 끝난 후 상장을 교실 벽에 붙여두고 감상했다. 아이들은 친구들의 상장을 보며 고개를 끄덕끄덕하며 동감을 표현하거나 "너 이거 좋아했어? 이것도 잘했어?" 하며 친구의 새로운 모습을 발견하기도 했다.

영서　상은 언제 집에 가지고 가요?

벽에 게시한 상장을 집에 가져가 가족들에게 상 받았다고 자랑하고 싶은 아이들의 마음이 고스란히 전해졌다.

교사　방학하는 날 가지고 갈까요?
아이들　아니요, 오늘이요. 내일이요. 오늘, 오늘, 오늘!

며칠 후면 다가올 여름방학식 날에 1학기를 무사히 잘 지낸 의미로 상을 집에 가져가자는 나의 의견은 받아들여지지 않았다. 생각해보니 나에게 주는 상을 반드시 방학식 날에 맞춰 가져가야 하는 것도 아닌데 왜 그랬는지 모르겠다. 상은 특별한 날이나 대회 출전 후 받는 것이라는 고정관념과 아직도 아이들과 상의 없이 혼자 결정하는 버릇이 내 안에 남아 있었던 것 같다. 교실에 상장을 더 전시하고 싶은 마음은 한쪽으로 접어두고 아이들에게 각자 원하는 날 상장을 가져가도 된다고 말했다.

　교사들은 아이의 개성을 존중하고 다름을 인정하며 개별유아의 특성에 맞게 교육하려고 노력한다. 그럼에도 불구하고 어느 순간에는 공동체라는 명목하에 일률적으로 틀에 맞추어 아이들을 평가하는 이율배반적인 행동을 하기도 한다. 당연하게 여겼던 틀에서 벗어나 아이들 각자가 특별한 존재임을 인정하며 자신에게 상을 주었던 '아무 날 시상식'은 그동안 상에 대해 가졌던 내 생각을 되돌아보는 귀한 시간이 되었다.

　"얘들아, 우리 다른 사람과 비교하여 잘한다, 못한다를 평가하기보다는 과거의 나와 현재의 나, 앞으로 더 성장할 나를 소중하게 생각하며 자신을 사랑하는 사람이 되자."

우리가 원하는
어린이날 기념식

깨톡, 깨톡, 깨깨깨깨깨톡. 오늘도 선생님들의 깨톡은 서로 경쟁이라도 하듯 여기저기에서 쉬지 않고 울린다. 곧 다가올 그날을 위해 1차전이 시작되었음을 알리는 소리다.

| 모꼬지혜윰 채팅방

해피샘   우린 단체 티셔츠 하기로 했어요. 체험학습, 체육활동 할 때 입으려고요.

물음표샘   검색해봤는데 미술놀이 도구 세트가 괜찮았어요. 가격에 대비해서 품질이 좋고 종류도 많아요.

낭만샘   아이스크림 케이크를 선물하려고요. 가족이 모여 다 같이 먹으면 너무 좋을 것 같아요.

꼬꼬무샘   바깥놀이 나갈 때 쓰는 모자도 좋아요. 야구모자, 챙이 있는 모자, 끈 조절 모자 같은 거요.

팩폭샘　단체 티셔츠는 부모님들은 좋아하시는데 아이들한테는 인기가 없어요.

해피샘　그래서 이번엔 평소에도 입을 수 있도록 상하 세트로 고급스럽게 준비했습니다. *^^*

자, 이번에는 어떤 행사를 할 예정인지 정보를 교환해볼까? 자판을 누르는 선생님들의 손놀림이 더욱 분주하다.

교사1　○○유치원은 마술 쇼를 하기로 했대요. 아이들한테 풍선도 불어주고 재밌는 이야기도 들려준다나 봐요.

교사2　○○○유치원은 피자파티 한대요.

교사3　○○유치원에서는 작년에 에어바운스를 대여해서 놀았는데 엄청 인기가 있었대요.

교사1, 2　오! 에어바운스, 괜찮다. 에어바운스 당첨!

선생님의 사랑이 담긴 어린이날 기념식

대한민국의 많은 어린이가 눈 빠지게 기다리는 어린이날이 다가오고 있다. 아이들에게 줄 선물과 행사가 정해지자 2차전이 시작된다. 이제부터는 실전편이다.

교사1 애들이 주인공인데 왕관 정도는 써야죠. 주문 들어갑니다.

교사2 어린이날 행사 분위기가 나도록 가랜드도 만들어볼게요.

교사3 기념사진을 촬영하려면 현수막도 필요하겠어요. 풍선도 붙이고 화려하게 꾸며요.

교사1 교문 입구부터 레드카펫으로 좌~악 깔아서 기분 업 시켜줄까요?

교사2, 3 하하하~.

교사1 나도 어린이 하고 싶다. 나 돌아갈래~.

아이들이 즐겁다면 교사들은 못 해낼 일이 없다. 업체와의 행사 일정 조정, 물건 품의, 강당 사용 시간 조율, 환경구성, 선물 포장, 왕관 만들기까지 교사라면 누구나 어린이날을 위해 한마음으로 움직인다. 이날만큼은 우리 아이들에게 최고의 날이 되게 하리라!

교사들이 이렇게 바쁘게 움직이는 동안 아이들도 흥분된 마음을 가라앉히지 못하고 매일매일 이야기꽃을 피운다. 아이들은 어린이날에 대해 어떤 생각을 하고 있을까?

교사 어린이날이 무슨 날일까?

혜린 어린이 마음대로 하는 날이에요.

성준 선물을 받는 날이에요.

다빈 우리 엄마는 시크릿 OO 사주신대요.

민호 나는 레고를 받기로 했어.

교사 (에휴~, 방정환 선생님께서 아시면 기함하시겠네.)

해마다 어린이날이 무슨 날이냐고 물어보지만, 아이들의 대답은 한결같이 선물을 받는 날이라고 한다. 아이들에게 선물을 안겨주라고 만든 날은 아닐 텐데 언제부터인가 어린이날은 아이들에게 선물을 주며 축하하는 날로 바뀌었다. 사실 이러한 변화에 교사들도 동조한 점이 없지는 않다. 온갖 'HOT' 하다는 어린이날 선물을 검색해서 준비하고 아이들을 즐겁게 해주며, 어린이날을 유치원의 연간 최대 행사 중 하나로 자리 잡게 했으니 말이다.

그래도 어린이날이 마냥 축하만 받고 끝나지 않았으면 좋겠다는 교육자의 사명감으로 올해도 나는 아이들에게 어린이날의 유래와 의미를 설명해주고 노래도 함께 불러본다. 아이들은 "아~, 그렇구나!"라고 감탄사를 연발하며 고개를 끄덕인다. '그런데 얘들아~, 작년에도 방정환 선생님 얼굴을 보면서 어린이날에 대해 배웠잖아. 한 해 지났다고 까맣게 잊어버리고 처음 듣는 것처럼 해맑은 표정으로 오리발을 내밀면 어떻게 하니?'

유치원 아이들의 학급 자치 이야기

소확행! 우리만의 어린이날 기념식

| 어린이날 기념식 삼 일 전

교사 얘들아, 기쁜 소식이 있어. 어린이날을 맞이해서 선생님들이 준비한 것이 있단

다. 바로바로 키즈 놀이터! 강당에 에어바운스 놀이터를 만들 거야. 멋진 왕

관도 만들고 어때?

윤진 와~, 재밌겠다. 빨리 어린이날이 왔으면 좋겠어요.

성준 그런데 선생님, 우리 바깥놀이도 할 거예요?

교사 엥?

다윤 술래잡기도 하고, 무궁화 꽃이 피었습니다도 하고 싶어요.

교사 왕관 만들고 키즈 놀이터에서 놀면 시간이 안 될 것 같은데?

준민 그러면 그다음 날 놀아요.

교사 5월 5일은 엄마, 아빠랑 놀아야겠지? 선생님도 어린이날은 쉰단다.

재민 그럼, 내일 놀아요. 내일부터 계속 어린이날 해요.

교사 뭐라구? 날마다 어린이날 하자고? 하하하. 그럼, 선생님도 어린이날을 준비했

으니 이번에는 너희들만의 어린이날을 직접 준비해보는 건 어때?

아이들 네, 좋아요.

다혜 얘들아, 여기로 모여봐. 우리가 토의해야 할 주제가 생겼어.

다혜의 말에 아이들이 모여들기 시작했다. '어디서 많이 들어본 말

투인데⋯. 설마 나?' 귀를 쫑긋하고 들어보니 다혜는 내 흉내를 내고 있

었다. '서당 개 삼 년이면 풍월을 읊는다더니 제법이네!' 아이들은 한참 동안 교실 안을 삼삼오오 몰려다니며 놀이할 곳을 정하고 순서도 만들었다. 서로 하고 싶은 놀이가 많아서 때로는 의견이 충돌하기도 했고, 때로는 합이 맞아 자기들끼리 키득키득 웃기도 하였다.

다혜 먼저 교실에서 캐치볼 게임이랑 볼링 놀이를 하자.

민주 바닥에 판을 깔고 뛰어넘는 놀이도 재밌어.

하빈 (몸을 이리저리 흔들며) 몸으로 알아맞히기 놀이도 하자.

성준 교실에서 놀이가 끝나면 밖으로 나가서 술래잡기랑 무궁화 꽃이 피었습니다 하면 어때?

교사 정말 하루 내내 놀 거야?

아이들 네~.

아이들은 종이에 교실 지도를 그려가며 놀이 장소를 정했고 필요한 물건을 준비해달라고 나에게 요청했다. 이런저런 놀이를 준비하는 아이들을 지켜보니 늘 교사가 정해준 대로 놀기보다는 단출하나 아이들 스스로 계획하여 노는 어린이날이야말로 진정한 어린이날이 아닌가 하는 생각이 들었다.

우리는 어린이날 행사를 이틀로 나누어 진행하기로 했다. 첫째 날은 아이들이 스스로 준비한 어린이날로, 둘째 날은 선생님들이 열정을 불태워 준비한 어린이날로 꾸몄다. "선생님이 준비한 어린이날이랑 친구들이 준비한 어린이날 중 뭐가 더 재미있었어?" 엄마와 아빠 중 누가 더 좋은지 묻는 것같이 뻔한 질문이지만 내심 선생님이 준비한 어린이날이 더 재미있었다는 대답을 기대해본다. "둘 다요. 우리 또 어린이날 해요." '그래, 매일 매일 어린이날 하자. 일 년이 어린이날인 것처럼 행복하게 보내보자. 선생님은 내년 어린이날에도 최고의 날을 만들기 위해 최선을 다할 거야. 그것만은 양보할 수가 없구나. 오늘처럼 행복해하는 모습을 보고 싶으니까.'

뭐가 들었어요?

유치원 아이들의 학급 자치 이야기

도전!
'우리' 골든벨

매달 학급에서 열리는 인성 동화 골든벨. 몇 번의 경험으로 아이들은 '김은성은 골든벨 주인공, 골든벨 주인공은 김은성'이라며 불변의 법칙처럼 말했다. 어느샌가 주인공들만을 위한 행사로 변해가고 있는 인성 동화 골든벨은 결말을 이미 아는 영화를 되돌려보는 것처럼 시시해졌다.

| 학기 초

교사   내일은 인성 동화 골든벨 있는 날! 책 잘 읽고 오세요.

아이들   나는 벌써 열 번이나 읽었어. 나는 집에서 엄마 아빠랑 문제 만들어서 연습도 했어. 아, 떨려!

| 몇 달 후

교사　내일은 인성 동화 골든벨 있는 날! 책 잘 읽고 오세요.

아이들　네↘.

영혼 없는 대답에서 느껴지듯 골든벨은 더는 아이들에게 즐거움
이나 설렘을 주지 못했고, 오히려 소중한 놀이시간을 뺏는 꼴이 되었
다. 기운 빠진 대답을 내놓는 아이들에게서 학창시절에 성적표를 받아
들며 어깨가 늘어졌던 내 모습이 보였다. 불쑥, 내 안 깊숙이 잠들어 있
던 삐딱이가 튀어나왔다. '아이들이 의욕이 없는데, 이걸 꼭 매달 해야
해?' 고개를 쳐든 삐딱이는 한술 더 떠 노래를 부르기 시작했다. '젓가
락질 잘해야만 밥 잘 먹나요, 인성 퀴즈 잘 풀어야 착한 건가요, 우리
애들 퀴즈 못 풀어도 배려 잘해요!요!요♬~'

교사　우리가 한 달에 한 번씩 인성 동화 골든벨 하지요? 친구들은 골든벨 하면 어
　　　　떤 기분이 들어요?

골든벨 상위권 아이들　재미있어요. 좋아요.

나머지 아이들　(아무 말 없이 서로 눈치만 보다가) 재미없어요. 하기 싫어요.

교사　골든벨에 대한 자기 생각을 말해볼까요?

골든벨 유지팀　저는 공부해서 문제 푸는 것이 재미있어요. 일등 하면 엄마 아빠가
　　　　　　　　　칭찬을 많이 해주고 선물도 사줘요. 다음에 일등 하면 게임기 받기
　　　　　　　　　로 했어요.

골든벨 끝장팀 맨날 선물 받은 친구들만 받고 은성이만 골든벨 울리니까 시시해
요. 하기 싫어요. 나는 골든벨 하기 전에 맨날 공부해서 힘들어요.
이제는 그만하고 싶어요. 작년에도, 그전에도 계속했잖아요.

'도전! 골든벨'이 유행하면서 언젠가부터 유치원에서도 안전 골든
벨, 독서 골든벨 등 다양한 골든벨 퀴즈 대회가 생겨났다. 연간 교육계
획에 ○○골든벨이 없는 것은 팥 없는 단팥빵처럼 허전하게 여겨졌다.
초창기 골든벨은 아이들에게 색다른 경험을 선사했다. 화면으로 보던
형님들의 행사를 자기들도 한다는 말을 듣고 환호를 터트리던 모습, 두
주먹을 불끈 쥐며 기어코 일등을 하겠다고 전의를 불태우던 모습이 지
금도 선명하다. 작은 보드판을 들고 문제를 푼 기쁨에 열광하는 아이
들을 보며 나는 교사로서의 효능감을 느끼기도 했다.

그렇게 아이들이 재밌게 즐기던 골든벨은 어디 갔을까? 골든벨 퀴
즈 대회가 거듭될수록 본래의 목적은 사라지고 아이들의 마음은 서열
화로 점점 멍들어갔다. 그렇게 한 해 두 해 시간이 흐르는 동안 내 모습
도 변했다. 상장과 상품을 전달하며 함께 기뻐했던 내 얼굴이 골든벨에
서 상품을 못 받았다고 급기야 울음까지 터트리는 아이들의 표정처럼
울상이 되어갔다. 문제를 푸는 것은 좋지만 서열화로 끝나버린 골든벨
은 아이들의 마음에 생채기를 남겼다. 게다가 초기에는 초반 문제에서
탈락해도 장외로 나가 열심히 문제를 풀었던 아이들이 언젠가부터 빨
리 끝나기만을 바라는 표정을 짓고 있었다.

교사 친구들, 인성 골든벨 말고 어떤 골든벨을 하고 싶어요?

아이들 공룡? 산? 꽃? 동물원? 과일? 케이크?

·

아이들은 자기들이 좋아하는 주제를 나열하기 시작했다. 아이들의 말을 들을 때마다 나는 '공룡? 몇 문제나 만들 수 있을까? ○×형 아니면 선다형? 마지막 문제는 무엇으로 하지?' 하며 출제할 문제에 대해 생각했다.

은하 '우리'로 하면 어때요?

교사 우리? (이건 뭐지?)

은하 네, 친구들과 선생님, 우리 교실이요.

아이들 그래, 그래요. '우리'로 골든벨 해요.

교사 (눈앞이 깜깜) 응?

아이들 우리요, 우리!

내가 당황하는 사이에 주제는 '우리'로 정해졌다. '우리'라는 주제로 어떻게 문제를 내야 할지 땅이 꺼질듯한 한숨이 나왔다. 일단 주제가 너무 추상적인데다 내가 마음대로 문제를 내면 나중에 아이들의 원성이 자자할 것 같아서 듣는 순간부터 마음이 내키지 않았다. 그러다번뜩 '왜 내가 이것을 고민하지?'라는 생각이 들었다. 해답은 의외로 간단했다. 내가 문제를 출제하지 않으면 되는 것이다.

유치원 아이들의 학급 자치 이야기

교사 문제는 어떻게 만들 거예요? 문제는 어떤 방법으로 풀 거예요? 패자부활전
은? 선물은?

속사포처럼 쏟아지는 내 질문에 이번에는 아이들이 당황했다. '되
로 줬다가 말로 받은 상황이겠지. 그런데 얘들아, 선생님도 답을 몰라
서 그래. 그리고 이제까지 골든벨 할 때마다 선생님은 이런 고민을 했
었단다.' 우리를 주제로 한 골든벨은 재미있을 것도 같았지만 이런 주제
가 처음이다 보니 알듯 말듯 썸타는 관계 같아 어디서부터 어떻게 시
작해야 할지 메롱스러운 상황이었다.

교사 친구들에 대해서는 어떤 문제를 만들고 싶어요?
아이들 이름?
교사 이↗름↗?
아이들 (선생님의 억양과 표정을 살피며) ⋯ 얼 ⋯ 굴?

되묻는 내 억양이 달라질 때마다 아이들은 나의 표정을 살피면서
'선생님이 괜찮다는 말인가, 아니라는 말인가, 이게 아닌가?' 하며 다른
의견을 말한다.

교사 이름으로 어떤 문제를 만들 수 있을까요?
서현 같은 글자가 들어간 친구 이름으로 만들 수 있어요, '김'이 들어간 친구는 몇

명일까요? 이렇게요.

아이들 맞아요.

서현이의 말에 아이들은 그제야 표정이 밝아졌다. 문제를 어떻게 만들지 감을 잡은 듯한 아이들이 자신 있는 표정을 짓자 나도 힘을 보태겠다며 파이팅을 외쳐주었다. 아이들은 세 팀으로 나누어 '친구들, 선생님, 교실'을 주제로 문제를 만들었다. 삼삼오오 모여서 "이건 어때?", "그건 아니야!", "너무 쉽잖아."라며 머리를 맞대고 문제를 만드는 모습이 마치 수능 출제위원처럼 진지했다.

아이들 선생님, 문제는 만들었는데 답을 모르겠어요. 이 문제 답이 뭐예요?

때로는 자기들이 낸 문제를 가져와 답을 내놓으라고 당당하게 요구하는 위풍당당한 아이들의 모습에 박수와 웃음이 절로 나왔다. 아이들은 합의가 필요할 때 찬성은 엄지를 위로, 반대는 엄지를 아래로 표시하자는 나름대로 공정한 의견 수렴 방식을 채택했다. 이와 같은 과정을 거쳐 모둠별로 문제와 답이 맞는지 함께 확인하는 시간을 가진 후, 오류가 있는 부분은 수정하여 '우리' 골든벨 퀴즈를 위한 책이 만들어졌다.

다음은 골든벨 운영 방법에 대해 논의할 차례다. 인성 동화 골든벨처럼 '우리' 골든벨도 스물다섯 문제를 내기로 했다. 풀다가 틀린 사람은 패자부활전을 할지 등 세부적인 방법들을 정해야 했다.

교사 '우리' 골든벨을 인성 동화 골든벨처럼 할까요?

찬성하는 아이들 네.

반대하는 아이들 아니요.

교사 왜요?

원형 저는 지난번에 골든벨 할 때 계속 문제 맞혔는데 실수로 한 문제 틀려 탈락
해서 억울했어요.

은성 저는 그대로 하면 좋아요.

아이들 싫어요. 좋아요.

교사 그럼 어떤 방법으로 하고 싶어요?

아이들은 여러 가지 방법을 이야기했다.

1안 짝꿍과 함께 풀기 (혼자 풀다 실수해서 탈락하면 억울하니까)

2안 모둠원이 한 명씩 차례대로 문제 풀기

3안 틀려도 탈락 없이 모두 끝까지 문제 풀기

4안 우리 반 친구들이 차례대로 문제를 맞히고 얼마나 빨리 푸는지 시간 재기

5안 인성 동화 골든벨처럼 혼자서 문제 풀기

승부욕이 강한 아이들과 기존 골든벨 주인공은 강한 자신감을 내

비치며 1안과 5안이 채택되기를 간절히 원했다. 의견이 팽팽하게 맞서서 결론이 나지 않자, 우리는 골든벨을 할 때 어떤 점이 좋았고 싫었는지를 생각해보고 투표로 결정하기로 했다. 투표를 거듭한 결과 3안이 최종 선정되었다. 비록 자기가 원하는 방법이 선택되지 않아 아쉬움은 있는 듯 보였으나 아이들은 겸허하게 결과를 받아들였다. 결국 아이들은 문제 풀이를 통해 순위를 정하기보다는 퀴즈 그 자체를 즐길 방법을 선택한 것이다.

변하지 않는 것들도 있었다. 거리를 두고 앉아서 개별 칠판에 답을 써가며 문제를 푸는 방식과 문제를 맞히면 칠판을 흔들며 기뻐하고 틀리면 그대로 칠판을 내리는 것은 달라지지 않았다. 다만 오답을 적은 아이들이 뒤에 가서 대기했던 경계선이 없어졌다. 당연히 패자부활전도 할 필요가 없다. 틀리면 틀린 대로, 맞히면 맞힌 대로 자신의 선택을 인정하고 그 순간을 즐기며 다음 문제를 맞이하면 되는 것이다. 나도 더는 '옆 친구의 칠판을 보지 않아요, 고개를 돌리지 않아요.'라며 입시감독관 같은 역할을 하지 않아도 된다. 아이들도 문제를 맞히기 위해 규칙을 알면서도 절로 고개를 옆으로 돌리는 인지부조화를 겪지 않아도 되었고, 다른 친구로부터 비양심적이라는 비난을 받는 일도 없어졌다.

순위에 상관없이 즐기는 '도전! 우리 골든벨'에서 아이들은 모두가 주인공이었다. 친구들과 다양한 의견을 나누고 함께 결정하여 활동으로 실현해보는 과정에서 아이들은 스스로 활동의 주체가 되어 적극

유치원 아이들의 학급 자치 이야기

적으로 참여하였다. 아이들에게 놀이 주제와 놀잇감, 놀이 장소와 시간 등은 결정하게 하면서도 골든벨의 주도권을 맡겨볼 생각은 하지 못했다. 아이들이 문제를 푸는 예비 수험생이 아닌데도 유치원 골든벨을 유아들에게 맞춘 듣기평가 정도로 생각하지 않았는지 나를 되돌아본다.

개원기념일
(우·유·생·파)

새해 달력을 보며 가장 먼저 하는 일은 뭐니 뭐니 해도 나와 가족의 생일을 찾는 일이다. 그다음은 공휴일 찾기. '이번 달 공휴일은 무슨 요일? 뭐야, 토요일이야? 왜? 열심히 일한 직장인에게 너무한 거 아냐?' 공휴일이 주말에 걸리면 배신감과 서운함에 죄 없는 달력에게 살짝 화가 난다. 숨을 가다듬고 평일에 있는 색깔도 어여쁜 빨간색 숫자가 몇 개나 있는지 찾다 '오~, 올해 개원기념일은 월요일!' 이렇게 바람직한 휴일은 직장인으로서 숨길 수 없는 즐거움이다.

주마다 행사를 치러댄 오월이 지나고 어느덧 유월로 넘어가기 직전의 어느 날이었다.

교사 유월에는 환경의 날, 현충일, 개원기념일이 있어요. 개원기념일에는 유치원에

유치원 아이들의 학급 자치 이야기

오지 않아요.

수현　개원기념일이 뭐예요?

교사　유치원 생일~.

영수　(장난스럽게) 유치원은 누가 낳았어요?

지희　건물을 어떻게 낳아? 우하하하.

도진　그럼 유치원도 생일파티 해요?

영수　파티를 하려면 케이크 사고 불빛 반짝반짝하는 거랑 풍선도 달아야 해요.

아이들　맛있는 음식이랑 선물도 있어야 해, 드레스도 입고 왕관도 쓰고….

교사　(애들이 드라마를 너무 많이 봤나?) 친구들, 유치원 생일파티를 하고 싶어요?

아이들　네~.

수현　그런데 유치원이 주인공인데 케이크는 누가 먹어요?

한별　(수현이에게 속삭인다) 우리가 먹으면 되잖아.

현희　그럼 유치원에 황금을 칠해주자.

　유치원도 생일이 있다는 것이 이렇게까지도 신기하고 웃을 일인가 싶다가 즐거워하는 아이들의 모습에 나도 덩달아 미소가 지어졌다. 사실 남들 근무하는 날 쉬는 개원기념일 덕에 자꾸 입꼬리가 올라가는 건 비밀! 하지만 직장인으로서의 내 기쁨을 드러내놓고 즐길 수는 없기에 개원기념일에 너희들을 못 만나 슬프다는 메소드 연기를 펼치며 아이들이 하고 싶다는 놀이와 필요한 준비물을 칠판에 썼다. 정리된 목록을 보고 있자니 유치원 부속 이벤트 회사가 있어야 할 것만 같았다. 누구를 위한 것인지 알 수 없는 우리 유치원 생일파티, 줄여서 '우·유·생·파' 계획에 반 전체가 휩쓸려가고 있을 때쯤 시원이가 손을 들었다.

시원 선생님, 유치원 몇 살이에요? 누가 만들었어요? 이름은 누가 지었어요? 처음부터 삼층이었어요?

교사 (우리 시원이 장래 희망이 래퍼?) 시원이는 유치원에 궁금한 것이 많네요. 우리 유치원에 대해 아는 친구 있어요?

민아 예전에 유치원을 대표하는 꽃이랑 나무도 배웠잖아요.

아이들 맞아요, 목련? 개나리? 철쭉? 벚꽃? 민들레?

수진 그건 봄에 피는 꽃이잖아.

이야기가 좌로 갔다, 우로 갔다 삼천포까지 빠졌다가 유치원에 관해 궁금한 것들이 꼬리에 꼬리를 물고 이어 나왔다. 우리는 이것들을 모아 모둠별로 조사하여 '우리 유치원 책'을 만들기로 했다. 오색찬란 미러볼과 황금 페인트가 있어야 하는 초호화 생일파티에 비하면 책 만들기 정도는 거뜬히 할 수 있을 것 같아 나는 빛의 속도로 동의했다. '올해 개원기념일 행사는 이걸로 끝!' 책 만들기 활동이 끝난 후 홀가분한 마음으로 빨간펜을 들어 개원기념일에 진한 하트를 그렸다.

민우 선생님! 유치원 생일파티는 언제 해요?

교사 (책 만들기로 끝난 거 아니었어?) 어, 생일파티?

유치원 아이들의 학급 자치 이야기

아이들   오늘이요, 내일이요. 유치원 생일 전날이요.

아이들은 '그건 그거고, 이건 이거지.'라는 참 편리하고 자기들에게만 합리적인 이유로 개원기념일 하루 전에 생일파티를 하자고 말했다. 반짝이 커튼과 풍선을 붙이고 왕관도 만들고, 천장에 매달 장식품을 만들어 교실을 파티장으로 꾸미자는 아이들. 대체 이 짧은 인생에서 생일파티를 어디까지 해봤는지 모르겠지만, 나는 아이들이 상상하는 초호화 끝장 생일파티를 감당할 자신이 없었다.

교사   친구들이 이렇게 많은 것들을 다 준비할 수 있다고요? 다시 잘 생각해봐요. 친구들이 할 수 있는 것을 정해서 준비하는 건 어때요?

유라   왕관은 우리가 만들 수 있어요.

지우   별은 제가 접을 수 있어요.

아이들   우리가 다 만들 수 있어요.

교사   그래요, 친구들이 할 수 있다고 하니 그럼 친구들이 계획한 대로 해봅시다!

영수   미러볼은 제가 가지고 올 수 있어요. 우리 집에 있어요.

다빈   케이크, 풍선, 반짝이 커튼, 장식품들은 사면 되잖아요.

수현   선생님, 인터넷에 생일파티 소품 많이 팔아요. 전에 제 동생 생일파티 하려고 샀었어요.

아이들과 인터넷 쇼핑을 하며 정해진 예산 내에서 유치원 생일파티에 필요한 물건을 장바구니에 넣고 빼는 일을 여러 번 반복한 끝에 겨우 사야 할 물건이 정해졌다. 이쯤 되니 학급비가 화수분이 아닌 것에 감사한 마음이 들었다. 사고 싶은 물건을 다 사지 못한 아쉬움 때문일까? 아이들은 한술 더 떠 생일 축하 현수막도 만들어 유치원 외벽에 붙이고 마당에서 파티를 하자고 했다. '가든파티? 처음엔 분명 교실이라고 했잖아, 혹시 너희들 갈대랑 절친? 왜 자꾸 판이 커지는데. 너희들이 다 할 수 있겠어?' 내 걱정에도 아랑곳하지 않고 아이들은 이미 마을잔치 수준으로 계획을 세우고 있었다.

　　다음 날부터 우리는 이벤트 업체 직원들처럼 생일파티를 준비하느라 바쁘게 보냈다. 그런데 계획한 것들을 준비하면서 생각보다 시간과 노력이 많이 든다는 것을 체감한 아이들은 점점 흥미를 잃어갔다. 결국 나와 몇 명의 아이들만 놀이를 포기한 채 생일파티 소품을 만들고 있는 상황이 되자 괜히 억울한 마음이 들었다. 초호화 생일파티를 계획한 당사자인 아이들이 무관심한 이 상황을 그냥 지나칠 수 없어 소품 만들기를 중단했다. 계획은 용머리처럼 세워놓고 마무리는 뱀꼬리처럼 얼렁뚱땅하려는 아이들에게 이 세상에는 '유종의 미'라는 아름다운 단어가 있다는 사실을 꼭 알려주리라고 마음먹으며 나는 두 주먹을 불끈 쥐었다.

교사　(어금니를 꽉 깨물며) 여러분, 여러분이 유치원 생일파티 하자고 했죠? 그런데 왜 함께 준비하지 않는 거죠?

　　　　　　　　　　유치원 아이들의 학급 자치 이야기

아이들 만들 것이 너무 많아 힘들어요. 생일파티 준비하느라 놀 시간이 없어 하기 싫어요.

교사 그럼 유치원 생일파티를 취소하는 건가요?

아이들 그건 아니지만….

도린 (바로 주변 눈치를 살피며 작은 목소리로) 생일 축하 노래 부르고 케이크만 먹어도 되는데….

지유 장식품을 조금만 만들고 생일파티 계획을 바꾸는 건 어때요?

아이들 오~, 좋은데!

교사 지유 의견대로 생일파티 계획을 바꾸어볼까요?

아이들 네!

아이들은 유치원 생일파티 준비 목록을 보며 하고 싶지만 실행하기엔 무리였던 것들을 과감히 삭제하고 서로 즐겁게 참여할 수 있게 계획을 수정했다. 변경된 계획은 생일 축하 카드 쓰기, 교실에서 미러볼 켜고 생일 축하 노래 부른 후 케이크 먹기, 만들어진 소품과 구입한 장식품으로 교실 꾸미기, 마당에서 신나게 놀기였다.

예전의 나는 아이들에게 좌절과 실패보다는 성취하면서 느끼는 희열을 맛보게 해주고 싶어 계획 단계부터 '이건 되고, 그건 안 돼.' 하며 아이들의 독립성과 자율성을 통제하였다. 그리고 책임감을 길러주고자 아이들이 흥미를 잃거나 힘들어해도 계획한 대로 끝까지 이끌어가려고 노력했었다. 하지만 지금의 나는 자치활동을 하면서 겪은 시행착오를 통해 계획에 문제가 생겼을 때는 아이들과 논의해 계획을 수정한다. 계획한 것이 힘들다고 무책임하게 포기하는 것이 아니라 아이들이 실천할 수 있도록 상황에 맞게 계획을 변경하는 것이다.

비록 처음에 계획했던 화려한 생일파티는 아니지만, 우리가 할 수 있는 규모로 변경된 파티가 준비되었다. 아이들이 직접 계획하고 준비해 함께 즐겼으니 그것만으로도 충분하다. 우리는 살아가면서 수많은 계획을 세우고 실행한다. 그 안에서 이상과 현실의 차이에 부딪히며 좌절하고 계획을 변경하는 경험을 통해 자신의 역량과 주변 상황을 고려하여 실천 가능한 계획으로 수정해나간다. 이러한 과정을 겪으면서 우리는 이상을 현실에 맞게 구현하도록 노력하며 성장할 수 있다. 나는 우·유·생·파를 통해 아이들이 하고 싶은 것보다도 현실적으로 할 수 있는 것을 계획하는 것이 시행착오를 줄일 수 있음을 스스로 체득하길 바랐다.

유치원 아이들의 학급 자치 이야기

선생님도 놀고 싶어!

비밀은 없어,
함께하는 장난감데이

눈이 부은 하율이가 씩씩거리며 유치원 현관으로 들어섰다. 뒤따라 들어온 통학 차량 안전도우미로부터 버스 타기 직전에 벌어진 하율이와 엄마의 짧은 전투를 전해 들었다. 유치원에 장난감을 가져가고 싶다고 울고 불며 고집을 피우는 통에 버스 정류장에서 엄마와 한참 실랑이하다가 끝내 가방에 넣어 왔다는 것이다. 하율이가 가져온 것은 약국에서 파는 비타민에 붙은 조그마한 장난감이었다. 아마도 친구들에게 자랑하고 싶었나 보다. 아이의 마음은 이해할 수 있지만, 나는 유치원에 장난감을 가져오면 안 된다고 단호하게 말했다.

하율　왜요? 왜 안 돼요?

교사　하율이가 장난감을 가져오면 다른 친구들도 장난감을 가지고 오고 싶겠지?

하율 그럼 다른 친구들도 장난감을 가져오면 되잖아요. 왜 안 돼요?

교사 집에 있는 장난감을 가져왔다가 잃어버리거나 부서지면 속상하기도 하잖아. 유치원에서는 유치원에 있는 장난감만 가지고 놀자.

집에 있는 장난감을 유치원에 가져오면 안 된다는 사실을 아이에게 다시 설명하려니 아침부터 골치가 아팠다. 그동안 계속 말해왔으니 이 정도 이야기하면 별문제 없을 거라고 생각했는데, 며칠 지나지 않아 그것은 나의 오판이었음이 드러났다. 민서가 아침에 가방을 정리하다가 가방 속에서 '푸쉬팝'을 꺼낸 것이다. '헉, 너도?'

민서 선생님, 이거 우리 언니가 문방구에서 나 사줬다요.

교사 언니가 민서에게 사줬어요? 민서는 좋았겠네.

민서 네. 이거 이렇게 누르고, 누르고, 계속 누르는 거예요.

교사 응, 그렇구나.

주하 어~, 나도 이거 해볼래.

하율 나도. 나도 이거 우리 집에 더 큰 거 있다.

순식간에 민서 곁으로 아이들이 몰려들어 푸쉬팝을 가지고 놀기 시작했다. 민서는 의기양양해져서 친구들에게 내 장난감이라고 자랑했다. 아이들의 관심이 온통 민서의 푸쉬팝에 쏠리자 결국 나는 민서에게 장난감을 가방에 넣으라고 단호하게 말할 수밖에 없었다. 다음 날,

이번에는 주하가 푸쉬팝을 가져왔고 장난감 애정인 하율이도 가방에 푸쉬팝 키링을 달랑달랑 달고서 등교했다. 친구 따라 강남은 왔지만, 선생님이 집에서 장난감을 가지고 오는 것을 좋아하지 않는다는 사실을 본능적으로 느낀 아이들은 어느 순간부터 내 눈을 피해 정리 시간이나 전이 시간을 이용해 복도의 사물함 앞으로 모였다. 옹기종기 모여 가방에서 꺼낸 장난감을 친구에게 자랑하거나 구석에서 혼자 몰래 가지고 놀았다. 알면서도 모르는 척 아이들의 비밀스러운 접선을 눈감아 주고 넘어가던 어느 날, 드디어 사건이 터졌다. 소중한 푸쉬팝이 사라져서 구슬피 우는 아이가 생긴 것이다.

교사　희진이가 아침에 가져온 푸쉬팝이 사라졌대. 혹시 친구 중에 자기 것이 아닌 푸쉬팝을 주운 사람이 있을까?

지안　나는 안 가져갔어요.

수진　나는 어제 가지고 왔었고 오늘은 없어요.

교사　(그랬구나, 수진이 너도 어제 가져왔었는데 내 눈에 안 띄었단 말이지.) ….

한솔　선생님, 내 가방에는 푸쉬팝 없어요. 나는 못 봤어요.

교사　(얘들아, 선생님도 그런 줄 알고 있어. 항상 잃어버린 사람은 있어도 발견하거나 가져간 사람은 없는 법이거든. 짧지 않은 내 교직 생활 동안 사건 발생 초장에 이 공식이 깨진 적이 아직까진 없단다. 참~ 신기하지?) 그럼 어디로 갔을까? 발이 달렸나? 혹시 희진이 네가 다른 곳에 떨어뜨린 건 아냐? 다시 잘 생각해봐.

희진　분명히 아까 잠깐 보고 다시 가방에 넣었어요.

교사 그랬단 말이지. 얘들아, 희진이가 어디 떨어뜨린 것은 아닌 것 같은데…. 어떻게 하면 찾을 수 있을까? 다 같이 나가서 복도를 한번 돌아볼까?

이쯤 되면 누군가 자기 가방을 향해 번개같이 후다닥 먼저 튀어나가거나 양심고백을 해야 하는데 아직도 나서는 아이가 없었다. 이런 상황이면 탐정놀이 시간이 꽤 오래 이어질 가능성이 크다.

교사 희진이가 잃어버린 푸쉬팝을 찾아줄 고마운 친구는 누굴까?
아이들 저요, 저요.

함께 복도로 나간 우리는 각자 자기 가방부터 살펴보기로 했다. 이 상황에서 교사가 아이들의 가방을 검사하면 시간을 절약할 수 있을 거라고 말하는 사람도 있겠지만, 아무리 어려도 아이들에게도 인권이 있다. 옆 사람이 물건을 잃어버렸으니 내 가방을 무조건 열어서 보여주라는 요구를 들을 때 기분 좋을 어른은 없을 것이다. 아이라고 다르지 않다. 아이들의 동의 없이 교사가 일방적으로 가방을 열라고 한다면 그 순간 아이들의 인격은 존중받고 있을까? 아무리 그 상황이 반 아이 중 하나가 악마의 순간적인 속삭임에 넘어가 희진이의 푸쉬팝을 제 가방에 고이 모셔놓았을 것 같은 심증이 백 프로 드는 순간이라 해도 말이다. 차라리 시간을 주고 스스로 저지른 잘못을 되돌릴 기회를 주는 게 아이의 인성을 위해 더 나은 선택이다. 물론 사라진 푸쉬팝이 안 나타

날 수 있다. '정 못 찾으면 까짓것 내가 하나 사서 주지 뭐.'

　복도 사물함 뒤, 구석진 곳, 각자의 가방을 뒤집고 엎던 중 희진이 가방 뒤에 자기 가방을 놓아두었던 준영이가 "선생님, 여기 있어요."라며 희진이의 푸쉬팝을 제 가방 속에서 꺼내 들었다. 물건을 찾은 기쁨은 순간이고 곧바로 준영이의 얼굴이 딱딱하게 굳었다. 다른 아이들이 곱지 않은 시선으로 준영이를 바라본 탓이다. 희진이가 푸쉬팝을 마지막으로 확인한 시간과 없어진 것을 알아챈 시간은 약 십 분의 간격이 있었고, 다행히 준영이는 그동안 내 옆에서 다른 친구들과 놀았던 것이 밝혀져 누명을 벗었다. 누구도 마음을 다치지 않아 마음이 놓였다.

차라리 대놓고 가져와서 놀까?

　이 사건을 계기로 개인 장난감을 둘러싼 비밀스러운 복도 접선을 더는 모르는 척 묵과할 수 없게 되었다.

교사　얘들아, 집에 있는 장난감을 유치원에 가져오고 싶어?

지아　선생님! 승욱이가 오늘 포켓몬 스티커를 많이 가져왔대요.

승욱　아니야! 나 가방 속에서 안 뺐거든.

교사　선생님이 유치원에 장난감을 가져오지 말라고 했었는데…. 친구들은 유치원에 장난감을 가져오고 싶은가 봐. 그렇지?

민서 우리 엄마도 유치원에 장난감 가지고 가면 안 된다고 했어요.

교사 (민서야, 요즘 친구들이 제일 많이 고발하는 사람이 너님이야. 하하!) 유치원에
장난감을 가지고 오면 안 되는데 친구들이 장난감을 가지고 오고 싶은 마음
이 점점 더 커지는 것 같아. 어떻게 하면 좋겠니?

하율 엄마가 내일 생일이라고 또봇 사준다고 했는데, 한 번만 가져오고 싶어요.

하율이의 말을 기점으로 생일이 다가오는 아이들부터 봇물 터지
듯 자기도 그렇다는 커밍아웃이 이어졌다. '너희들 말대로라면 내일, 모
레, 글피 계속 생일맞이 장난감 소개식을 하겠구나.' 나의 존재를 까맣
게 잊은 채 자기들끼리 한참 떠드는 아이들을 지켜보다가 입을 뗐다.

교사 집에 있는 장난감을 가지고 와서 놀아볼래?

아이들 네!

아이들의 우렁찬 대답에 웃음이 나왔다. 집에 있는 온갖 장난감
이름을 나열하는 아이들의 반짝이는 눈망울이 장난감데이 계획을 써
가는 칠판으로 모였다.

대망의 장난감데이 날이 밝았다. 어제 오후부터 가슴이 설렌다며
하교를 하자마자 집에서 장난감만 챙겨 다시 등교할 기세였던 아이들
은 현관 입구에서부터 장난감을 꺼내 들고 굴러오듯 교실로 들어왔다.
평소 말을 잘 하지 않는 소극적인 승준이까지도 자기 장난감을 수줍게

내미는 모습을 보니 그동안 아이들이 얼마나 집에 있는 장난감을 가져와 친구와 함께 놀고 싶었을지 짐작할 수 있었다.

교실에서는 놀이판이 한창인데 병원에 들렀다 느지막하게 등교한 재민이가 교실 입구에 서서 울상이었다. 유치원 현관 앞까지 오고 나서야 오늘이 장난감데이라는 사실을 떠올린 것이다. 자기만 장난감을 가지고 오지 않았다며 재민이는 눈에 눈물을 가득 담고 교실에 들어오려 하지 않았다. 유치원에 남는 장난감을 준다고 달래보아도 이미 마음이 상한 아이를 어떻게 해야 하나 걱정하고 있는데 민서가 다가왔다.

민서 나랑 이거 가지고 같이 놀자! 여기 친구들이 가져온 장난감 많아.

교사 (어, 제법인데?)

민서의 따뜻한 마음씨에 나도 감동했다. 울먹이던 재민이는 쭈뼛거리며 민서의 손을 잡았다. 아이들한테 장난감을 가지고 오랬더니 마음도 한 숟가락 더 챙겨서 등교했나 보다. '그래, 내 마음이 행복해야 배려도 나오지.'

아이들은 견제와 자제를 하면서 집에서 장난감을 가져오는 것을 줄여나갔다. 그러다가도 장난감을 너무나 가져오고 싶으면 장난감데이를 하자고 나에게 요구한다. 불법적인 장난감 비밀 회동이 대화와 합의를 통해 합법적인 장난감데이로 변신한 것이다. 새롭게 만든 장난감데이라는 이벤트를 누릴 수 있을 만큼 누리는 아이들이 정말 멋지다.

재롱잔치에 대한
반항

재롱잔치, 발표회, 학예회 등 다양한 이름으로 불리지만 결국 모두 같은 의미인 행사를 앞둔 시점이었다. 쿵짝쿵짝 쿵쿵쿵쿵. "손을 위로 쭉쭉 뻗어봐. 뒤로 돌고, 팔을 흔들고, 조금만 더 힘내보자." 아침부터 신나는 음악 소리가 교실 안에 울려 퍼진다. 이맘때가 되면 몸치인 나도 에이핑크, 방탄소년단이 된다.

신나는 음악에 맞추어 몸을 흔드는 아이들의 모습은 즐거워 보였다. 유치원에서 금하는 노래를 특별히 허락하는 이 기간에 아이들은 아이돌이 된 것처럼 신나서 노래를 따라 부르며 좌우로 격하게 몸을 움직인다. 덩달아 나도 '어른돌'쯤은 된 것처럼 멋을 부리며 포즈를 취했고, 건전한 동요 대신 K-POP을 대놓고 즐겼다. 하지만 꽃놀이도 한두 번이지 하루, 이틀, 일주일, 한 달이 다 되어가자 아이들도 드디어 폭발하고야 말았다.

> **교사**　자, 우리 이제 얼마 안 남았어. 오늘도 잘 할 수 있지? 대형 맞추고.
>
> **준희**　아, 또 해요? 놀고 싶어요.
>
> **예서**　오늘은 몇 번 할 거예요?
>
> **교사**　에이~, 잘하면서 왜 그래. 에이핑크 예서, 파이팅!

아무래도 비장의 무기를 투하할 순간이 왔나 보다. 성년들에게 치맥이 있듯이 유년들에겐 달달한 초콜릿이 최고다.

> **교사**　하하하, 짜잔! 오늘은 선생님이 초콜릿 쏜다.

햄스터의 볼처럼 가득 부푼 나의 양쪽 주머니에는 이때를 대비해 비타민, 젤리, 초콜릿 같은 실탄들이 채워져 있다. 유치원 아이들이 재롱잔치를 준비하는 여정은 참 길고도 험하다. 준비기간은 짧게는 한 달, 좀 길면 석 달이고, 교육적 완성도를 높인 대작을 무대에 올리려고 작정하면 거의 학년 초부터 긴 프로젝트에 돌입한다. 처음에는 몸풀기 수준으로 시작했던 선생님들은 발표 날이 가까울수록 눈치작전을 펼친다. 우리 반 아이들이 좀 더 깜찍하고 멋져 보이기 위해 음악 편집과 의상 선점, 심지어 대형 짜기까지 고민에 고민을 거듭한다.

오늘은 재롱잔치가 열리는 날. 내가 무대에 올라가는 것도 아닌데 아침부터 심장이 요동친다.

> **교사** (잘해야 할 텐데. 줄은 잘 맞추려나. 아! 오늘은 폭탄 맞은 것처럼 정신없이 지나
> 가겠구나. 그래도 오늘이면 끝이다. 만세!)

아이들이 대기하고 있는 방은 마치 모델들이 쇼에 나가기 위해 분
주히 옷을 갈아입는 무대 뒤와 흡사하다. 다른 게 있다면 성인 모델들
은 스스로 옷을 입고, 아이들은 교사가 한 명 한 명 옷을 입혀주면서
기분도 살펴야 한다는 것이다.

> **성현** 선생님, 이 옷 안 입을 거예요. 너무 작아요.
> **교사** (옷이 벌어진 틈을 옷핀으로 메우며) 아니야. 이 정도면 딱 맞는 거야. 비밀인데 성
> 현이가 젤 멋져.
> **민서** 어, 내 모자 어디 갔지? 선생님, 내 모자 없어졌어요.
> **교사** 눈 크게 뜨고 찾아봐. 여기, 여기, 발밑에 있다.
> **준희** 선생님, 쉬 마려워요.
> **교사** 오, 마이 갓! 복도 끝에 있는 화장실로 가. 빨리, 빨리, 고, 고.
> **희진** 선생님, 우리 엄마 왔어요? 엄마 보고 싶어요.
> **교사** 저쪽에 희진이 엄마가 계시네. 예쁘게 율동 하고 있으면 엄마가 바로 앞에서
> 보일걸. (얘들아, 거의 다 끝났어. 조금만 참아줘. 제발~.)

새까맣게 타들어가는 내 마음도 모른 채 옷을 갈아입는 아이들은 오만 가지 사연을 털어놓는다. 드디어 입장. 화려한 무대 의상을 입고 순서에 맞춰 아이들이 등장할 때마다 마치 연예인을 본 것처럼 함성과 함께 카메라 불빛이 여기저기에서 터진다. 무대 앞에 바짝 붙어 서서 아이들을 바라보는 내 뒤에는 수많은 학부모들이 플래시를 터트리려고 경쟁하듯이 대기하는 중이다. 뒤에 어마어마한 관중이 있지만, 혹시나 아이들이 순서를 잊어버릴까 걱정인 나는 엉거주춤하게 구부린 자세로 부끄러움은 접어두고 열심히 몸을 흔든다. 분명 저 많은 카메라의 영상 속에는 방탄소년단으로 빙의되어 열심히 춤을 추고 있는 나의 뒷모습도 찍힐 것이다. '왜 내 맘을 흔드는 건데, 흔드는 건데♬'

교사1 모두 고생하셨습니다. 드디어 끝났네요. 살이 3kg은 빠진 거 같아요.

교사2 그러게요, 일 년의 큰 행사 중 하나가 끝났네요. 이제 졸업만 남았나요?

교사3 막바지에 우리 반 지영이는 연습하는 거 싫어서 유치원에 오기 싫다고 아침마다 얼굴이 찡찡했어요.

교사2 그래도 오늘은 잘하던데요. 다행이에요.

교사1 우리 반 민준이 어머니는 소심한 민준이가 앞에 나가서 발표한다고 엄청 좋아하셨어요. 민준이를 달래가며 연습시키느라 정말 힘들었는데 아시려나 모르겠네요.

교사4 힘들긴 해도 애들이 무대 의상을 입고 춤추는 거 보면 엄청 예쁘긴 해요. 우리 서준이는 실전에 강한가 봐요. 순서를 자주 잊어버렸는데 오늘은 실수

유치원 아이들의 학급 자치 이야기

없이 잘했어요.

교사2 우리 서영이는 긴장했는지 무대에 올라가기 전에 옷에 실수를 해서 난리가 났어요. 그때를 생각하면 어우~. 그래도 서영이가 잘하고 내려와서 다행이에요.

재롱잔치가 끝나고도 우리들의 수다는 끝이 없었다. 매년 재롱잔치 후 교사만 바뀔 뿐 이런 내용의 대화는 다람쥐 쳇바퀴 돌듯, 바람 불면 바람개비 돌듯 해마다 되풀이된다. 재롱잔치가 무사히 끝났다는 안도감과 한 해를 마무리하는 큰 행사를 치렀다는 후련함을 느끼며 나는 근래 들어 가장 홀가분한 마음으로 집 현관에 들어섰다. 오늘부터는 두 다리 쭉 뻗고 편하게 자리라. '수고했다, 나 자신!'

재롱잔치가 없다고? 유후!

새로 부임한 학교는 교육과정의 자율성을 보장받는 혁신학교였다. 혁신학교의 재롱잔치는 어떻게 하는 것일까? 좀 더 화려하게? 좀 더 파격적이고 자유로운 분위기로? 왠지 뭔가 혁신적일 것 같은 기대감이 들었다. 그런데… 재롱잔치가 없단다. 연간 행사 일정을 확인하는 회의 자리에서 재롱잔치 날짜를 물었더니 선배 선생님이 딱 잘라 말씀하셨다. "우리 학교는 그런 거 없어요." 진짜? 왜? 정말? 처음엔 내 귀를 의

심했다가 혹시라도 잘못 들었을까 봐 다시 물었다. "진짜 없어요. 안 해요." 함께 부임한 옆 반 교사도 재롱잔치가 없다는 말에 안도의 숨을 내쉬면서도 정말 안 해도 되는 건지 몇 번이나 다시 물었다.

선생님은 우리의 당황스러움과 뭔지 모를 해방감을 읽으셨는지 추가로 설명해주셨다. 누구를 위해 재롱을 피우는지, 애들이 꼭 재롱을 피워야 하는지, 그런 행사를 하면 아이들이 정말 행복할 것인지 진지하게 성찰해보면 답이 나올 거라고. 이 말과 함께 이십 년 동안 흔들었던 나의 찬란하고도 애처로운 몸짓은 드디어 대망의 막을 내리게 되었다. 유후~!

초등학교는 2학기 중간에 '신나는 상상놀이 축제'라는 놀이주간을 운영했는데, 병설유치원인 우리도 참여할 수 있다고 알려왔다.

교사　애들아, 오늘부터 신나는 상상놀이 축제가 시작된대.

민이　오~예~, 무슨 놀이할 거예요?

교사　우리는 수요일이랑 목요일, 금요일에 갈 수 있어. 자, 무슨 놀이부터 해볼까? 골라보자. 미션 임파서블, 굴링, 거미줄 놀이터, 젠가 놀이터, 미로 놀이터, 팔찌 만들기, 점토 놀이, 양궁 놀이, 야구, 풍선 터트리기~. 엄청 많다. 선생님은 미로 놀이터 꼭 가보고 싶다.

현민　와~, 재밌겠다. 누가 만들었어요? 선생님이 만들었어요? 선생님 최~~고!

교사　어, 선생님 아닌데, 초등학교 형님들이 생각하고 계획을 세웠대. 형님들 대단하지?

지윤   그럼, 우리는요? 우리는 어떻게 해요?

교사   우리? 뭐가 걱정이야. 우리도 하나 만들자.

우리는 어떻게 하냐며 걱정하는 지윤이의 표정을 보자 뭐라도 만들어내야겠다는 생각이 들었다. 우리는 우리들만의 놀이터를 만들기로 계획하였다.

유진   캠핑놀이 해요. 저번에 캠핑 다녀왔어요. 요즘 캠핑이 유행이에요.

수진   필요한 물건이 있어요. 텐트, 캠핑 의자랑 요리할 때 쓰는 그릇, 삼겹살.

성현   선생님, 밖에서 해요. 진짜처럼.

축제가 진행되는 동안 우리 반이 구상한 캠핑놀이는 초등학교 형님들 틈바구니에서 당당하게 한 코너를 차지했다. 타프가 쳐져 있고, 불판이 있고, 캠핑 의자와 코펠, 모형이긴 하지만 삼겹살, 빙글빙글 돌아가는 바람개비까지 너무나 완벽하고 즐거운 하루였다. '아~, 너무 낭만적이다. 이 시간에 학교에서 캠핑이라니. 작년 이맘때엔 교실 안에서 춤만 추고 있었는데.'

축제를 마치고 며칠이 지나 초등학교에서 초대장이 도착했다. 학급별로 발표회를 하는데 아이들이 희망하면 유치원생도 관람 가능하다는 내용이었다. 초등학교의 학급 발표는 학생 스스로 계획을 세우고 참여하고 싶은 학생들만 참여하는 그야말로 자율에 의해서 이루어지는 발표회였다. 그러니 학부모님을 초대하여 공개한다는 부담감 없이 아이들이 마음껏 즐길 수 있는 축제다. 재롱잔치가 없어 한편으로는 좋으면서도 왠지 주변에 내 할 일을 안 하는 사람처럼 보이지는 않을까 마음에 괜한 찔림이 느껴지던 차였다. 초등학교에서도 발표회를 하니 약식이나마 우리도 해보려고 아이들의 의견을 물었다.

교사 애들아, 우리도 초등학교 형님들처럼 학급 발표회 해볼래? 그동안 우리 친구들이 선생님이랑 배웠던 노래나 율동, 동극 같은 거 발표하는 건데.

아이들 싫어요.

교사 (참 결단력 좋고 강단 있는 아이들 같으니라고…)

아이들은 더 이상의 설명을 듣지도 않고 싫다고 거절했다. '그래, 너희들이 싫다면 어쩔 수 없는 거지. 나도 고맙다. 이참에 너희들 희망대로 즐겁고 편안하게 학기를 마무리해보자. 난 좋긴 한데 왜 안 하고 싶은 거냐?' 또 몹쓸 호기심이 발동한다.

교사 그런데 왜 싫어?

서연 선생님, 우리는 아이돌 쇼를 할 거예요.

교사 아이돌 쇼? (이건 또 뭔 쇼람? 발표회는 안 한다면서…)

연우 네.

교사 어떻게 하는 건데?

유치원 아이들의 학급 자치 이야기

유미 우리가 다 알아서 할게요. 선생님은 초대하면 그때 구경 오세요.

　그날부터 우리 반에서 나는 외부인 아닌 외부인이 되었다. 왜 우리 반 교실을 들어가면서 관계자 외 출입금지 구역에 들어가는 것 같지? 아이들은 어떤 날은 커다란 종이를 달라고 요구를 하고, 또 어떤 날은 반짝반짝한 종이를 달라고 하고, 또 어떤 날은 풍선을 달라고 하였다. '도대체 무슨 일을 꾸미고 있는 거니?'

　며칠 후 놀이시간에 건호가 놀고 있는 친구들을 찾아다니며 티켓을 건네고 있었다.

건호 선생님, 이거 티켓인데 이 시간에 오세요. 그리고 의자 좀 옮겨도 되죠?

| 10분이 흐른 후
건호 자! 시간이 되었습니다. 아이돌 쇼에 초대합니다. 이쪽으로 줄 서세요. 티켓을
　　　보여주세요. 1번은 저기 앞자리, 5번은 뒷자리, 선생님도 줄을 서야 합니다.

　봉을 들고 내 앞을 가로막으며 줄을 서라는 건호의 말에 따라 나도 모르게 줄을 서서 대기했다. 정해진 자리에 앉으니 준혁이가 어제 열심히 불었던 분홍색 풍선을 나누어준다.

준혁 아이돌 쇼에 오신 걸 환영합니다. 첫 번째 순서는 김연우, 이유미, 유서연의

댄스가 있겠습니다. 분홍색 풍선을 흔들어주세요.

교사   크하하하하. 와! 와! 사랑해요. 핑크걸!

나는 아이들의 무대를 보고 박장대소 하고 말았다. 순서도 댄스도 마무리도 뒤죽박죽이지만 선생님의 개입이 전혀 없는 아이들 스스로 꾸민 무대였다. 항상 아이들 손에 뭔가를 쥐어줘야 한다고 생각했는데 거꾸로 내가 초대를 받았다. 가슴 한쪽이 뭉클하면서 찌릿찌릿하다.

놀이 축제와 아이돌 쇼는 재롱잔치를 벗어나지 못하고 있던 내 관습을 과감히 깨주었다. 다음에 재롱잔치를 하는 학교로 부임해 간다면 "재롱잔치보단 놀이 축제 어떤가요? 요즘 유행이랍니다."라고 소심한 반항을 해볼 것이다. 재롱잔치, 누구를 위한 겁니까?

유치원 아이들의 학급 자치 이야기

우리 눈에 공평하지 않아

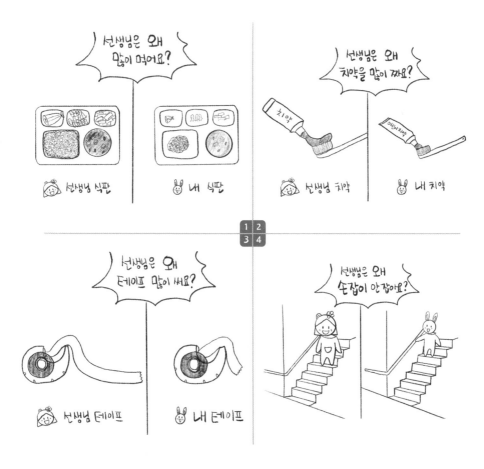

수료맞이
놀이 주간

희망차게 시작했던 한 해를 마무리하고 새해를 맞이할 마음의 준비를 하는 마지막 달이 되면 교사들은 결승선을 앞두고 젖 먹던 힘까지 쏟아내는 마라톤 주자처럼 다시 분주해진다. 아이들을 멋지게 형님반이나 초등학교로 보내주기 위해 졸업식과 수료식을 준비해야 하기 때문이다.

교사들은 졸업식과 수료식을 어떤 순서로 진행할지, 선물은 어떤 것을 줘야 아이들이 좋아할지, 상장의 내용은 적절한지 등 수많은 안건을 놓고 서로 의견을 나눈다. 나는 동료 교사들과 전년도, 그 전년도의 계획서를 다시 펼쳐보고, 초등학교 교무부장 선생님께도 여쭤보면서 행사에 대해 의논했다. 심지어 옆 유치원들에도 전화를 걸어 수료와 졸업 방식을 물었다. 작은 발표회 형태, 파티식 자리 배치, 전통적인 졸업

장과 상장 수여 방식 고수 등 유치원마다 조금씩 다르기는 했으나 그 역시 특별한 것은 없었다. 우리는 일단 더 생각해보기로 하고 회의를 잠시 중단하기로 했다.

교실 정리를 하던 어느 날, 지유가 나에게 와서 자랑스러운 얼굴로 말을 건넸다.

지유 선생님, 우리 엄마가 나 곧 형님반에 간대요.

교사 응, 수료식도 마치고 겨울방학도 보내면 형님반에 갈 수 있어요.

지유 선생님, 그런데 수료식은 뭐예요?

교사 (아, 그렇구나. 수료식이 무엇인지부터 설명해야겠다.)

| 다음 날 이야기 시간

교사 얘들아, 너희들 곧 형님반이 되는데 그 전에 수료식을 해요. 수료가 무엇인지 알아요?

아이들 몰라요. 그런데 선생님, 우리는 언제 형님반에 가요?

수료하는 날에 붕어빵 놀이할래요

정작 수료식의 주인공이면서 식에는 일말의 관심도 없는 아이들에게 수료의 의미에 대해 간단히 설명해주었다. 그리고 선생님과 함께하는 마지막 날이니 수료식 날에 무엇을 하고 싶은지 물었다.

기서 붕어빵 놀이할래요.

규현 저는 아이스크림 가게 놀이요.

승욱 친구들이랑 칼싸움을 하고 놀고 싶어요.

재명 선생님, 도넛 가게랑 카페 놀이하고 싶어요.

교사 수료식에… 놀고 싶어요? (어라, 이게 아닌데? 이야기가 왜 이렇게 흘러가지?)

아이들 네.

나는 아이들의 의견을 듣고 수료식 행사 방법의 아이디어를 얻으려고 했는데, 아이들은 선생님과 무엇을 하고 싶은지 묻는 것으로 받아들였나 보다. 이래서 아이들에게 질문할 때는 정신을 똑바로 차려야 한다. 아이들이 우문현답을 내놓을 때가 있지만, 이번에는 질문을 모호하게 했던 나의 실수.

아무튼 아이들의 이야기를 듣고 보니 수료의 의미를 헤어짐보다는 기념하며 즐기는 쪽으로 이해한 것 같았다. 수료의 뿌듯함과 이별의 애틋함을 기대하던 선생님의 감성과 다르게 아이들은 즐겁게 놀고 싶었나 보다. 결국, 수료하는 날 즐겁게 놀고 싶은 열망에 휩싸인 아이들의 의견을 하나하나 칠판에 받아 적을 수밖에 없었다. 내가 말했던 놀이가 칠판에 적혀있는 것을 보는 것만으로도 아이들의 표정은 만족스러워 보였다.

아이들의 생각이 꼬리를 무는 만큼 칠판에 적힌 놀이 목록도 늘어갔다. 더 적을 곳이 없게 칠판이 꽉 차자 나는 아이들에게 물었다.

교사 얘들아, 이거 다 할 수 있을까?
아이들 그냥 해요.

빈틈없는 칠판을 보며 머릿속이 복잡해진 것은 선생님뿐이다. 아이들의 대답은 너무도 간단명료하다. 칠판에 적힌 놀이 수는 대략 스무 가지 정도 되었고, 나는 아이들에게 시간상 놀이를 다 할 수는 없으니 하고 싶은 놀이의 우선순위를 정하자고 제안했다. 우리는 스티커를 세 개씩 가지고 각자 하고 싶은 놀이 옆에 스티커를 붙이는 다중투표를 했다. 투표를 하는 동안 아이들은 칠판 앞에서 여러 번 망설이며 신중하게 스티커를 붙였다. 선택의 순간에 집중하는 아이들의 모습은 귀엽고도 진지했다. 투표 덕분에 자기가 하고 싶은 놀이가 모두 하나씩은 선택되어 다행이었다.

많은 놀이를 준비하려니 왠지 버거울 것 같은 생각에 나는 아이들에게 구조를 요청하는 마음으로 놀이에 필요한 것은 같이 준비해보자고 제안했다. 그러자 아이들은 자신이 선택한 놀이라 그런지 준비하는 일에 동참하겠다는 의지를 강하게 불태웠다. 아이들과 준비물을 함께 만들다 보니 머릿속에 그려본 근사한 예상과 달리 결과물은 상당히 엉성해졌다.

이렇게 시작된 '수료하는 날 놀이'는 수료식 당일까지 십이월 내내 이루어졌다. 아이들은 날마다 붕어빵 놀이 같지 않은 붕어빵 놀이, 소풍놀이 같은 캠핑놀이, 영화관인지 키즈카페인지 알 수 없는 무비데이 등 알쏭달쏭한 놀이를 줄기차게 이어가며 신나고 행복하게 보냈다.

선생님이 형님반에서도 우리 선생님이면 좋겠어요

수료식 전날, 하율이가 전에 했던 장난감데이를 또 하자고 의견을 냈다. 집에서 사용하는 장난감을 유치원으로 가져와 친구와 함께 가지고 놀았던 경험이 좋았나 보다. 하율이의 의견에 다른 아이들도 즉시 너무 하고 싶다고 의견을 모았다.

교사 그래. 그럼 하율이 말대로 장난감데이를 또 해보자. 또 다른 의견은?
아이들 내일은 그동안 했던 놀이를 다 할 거예요!

이 사랑스러운 욕심꾸러기들. 나는 아이들의 익살스러운 표정에 꼴딱 넘어가버렸다. 그동안 가지고 놀았던 놀잇감들이 총동원되었고 교실은 온갖 장난감과 물건들로 꽉 찼다. 교사로서 익숙하지 않은 뒤죽박죽된 수료식장 분위기가 되어버렸지만, 아이들은 내일 놀 생각에 부푼 기대를 안고 집으로 돌아갔다.

유치원 아이들의 학급 자치 이야기

수료식 당일, 교실에는 수료 주간 동안 놀았던 놀잇감들과 아이들이 집에서 가져온 장난감들이 즐비했다. 교실 구석에 쌓여 있는 상장과 상품이 그나마 오늘이 수료식이라는 것을 알려주었다. 자신들이 계획했던 놀이를 하면서 교실을 누비는 아이들의 얼굴에 활기가 넘치는 것을 보며 나는 뿌듯한 마음과 헤어짐을 이야기해야 하는 순간이 다가옴에 애틋함을 느꼈다.

한참 후 놀이를 마무리하고 아이늘과 모여서 우리의 일년 생활이 담긴 사진과 영상을 보며 추억했다. 아이들은 함께 놀았던 사진을 보며 재미있어했고, 사진 속 놀이를 내일 또 하자고 서로 이야기를 나누었다. 담임선생님과의 시간은 오늘이 마지막이지만 앞으로 아이들끼리의 시간은 쭉 이어질 테니, 형님반이 되어 무엇을 하며 앞으로의 시간을 채울지 이야기하는 것이 아이들에게 더 좋을 것 같다는 생각이 들었다.

교사 그런데… 있잖아, 선생님에게 하고 싶은 말은 진짜 없어요?

괜히 아이들에게 옆구리 찔러 절받고 싶은 심정으로 질척이며 질문을 한다. 아무리 아이들을 위한 시간이라고 위로해보아도 내심 서운한 마음이 들었다.

아이들 선생님! 형님반 되어도 선생님이 우리 선생님이면 좋겠어요!

순간 아이들 대답에 우울했던 내 마음은 뛸 듯이 기뻤다. 내가 듣고 싶었던 최고의 찬사를 들은 것이다. 서운했던 마음이 다림질한 것처럼 한순간에 쫙 펴졌다. 오늘 수료식은 여태까지 내가 겪었던 수료식 중 단연 최고다!

원장선생님의 훈화와 선물, 상장을 전달하는 행사 위주의 틀에 박힌 수료식은 아이들의 의견에 따라 과감하게 놀이가 우선이 되는 수료식으로 바뀌게 되었다. 기존의 틀을 깨고 새로운 것에 도전한다는 것은 항상 가슴을 뛰게 한다. '이렇게 해도 될까? 이거 수료식 맞아?' 이런 의심을 모두 버려라. 자치는 묵은 관습을 깨고 새로운 도전을 받아들이는 순간 우리를 더 생기 넘치는 유기체로 만들어준다.

유치원 아이들의 학급 자치 이야기

장난감
나눔 장터

　　"여기를 보세요, 하나, 둘, 셋! 그대로 멈춰라!" 어린이날을 지내고
만난 아이들은 장난감 자랑 삼매경에 빠져 나의 주의집중 신호를 무참
히 허공으로 날려버린다. 얼마 전 지구의 날에 장난감 병원과 장난감
재활용 공장 영상을 보며 "나는 이제 장난감 안 살 거야, 친구와 장난
감 바꿔 놀 거야."라고 다짐하던 지구 지킴이들은 다른 반 아이들이었
나 보다.

> **교사**　사랑하는 빨강반~.
>
> **아이들**　사랑하는 선…, 선생님, 우리 빨강반 아니잖아요.
>
> **교사**　(드디어 집중 성공!) 파랑반 친구들이 선생님을 안 봐서 없는 줄 알았지. 장난
> 감 선물 많이 받았어요?

아이들 네, 제가 좋아하는 장난감이 택배로 왔어요. 엄마랑 장난감 백화점에 가서 샀어요.

교사 지구의 날에 장난감은 이제 안 산다고 했던 것 같은데….

아이들 엄마, 아빠가 사주셔서 어쩔 수 없었어요.

아이들은 그제야 장난감 자랑을 멈췄다. 머쓱해진 아이들에게 다음 행사인 '나눔 장터'를 계획해야 한다고 알려주었다. 삼 주 전에 미리 공지했던 터라 아이들이 분명 멋진 생각을 해왔을 것이라고 믿고 싶었다. 나는 인자한 눈웃음을 보내며 '반짝반짝 빛나는 너희들의 생각을 마음껏 펼쳐봐, 선생님은 기록할 준비가 되어 있어.'라는 무언의 압박을 주었다.

장난감 나눔 장터의 불편한 진실

교사 나눔 장터에 어떤 물건을 가지고 올까요?

아이들 선생님, 집에서 가지고 놀지 않은 장난감으로 나눔 장터 하기로 했잖아요. 벌써 잊었어요?

교사 (잊었을 리가! 선생님은 지금 열연 중이야.) 우와, 친구들은 다 기억하는데 선생님만 기억을 못 했네요, 미안. 장난감을 가지고 와서 어떻게 하면 좋을까요?

수연 집에서 돈을 가지고 와서 사요.

유치원 아이들의 학급 자치 이야기

교사 친구들은 돈 있어요?

현서 엄마한테 주라고 해요. 예전에도 그랬어요.

환경·경제 교육과 이웃돕기를 위해 개최하는 나눔 장터는 가정에서 안 쓰는 물건을 대략 셋에서 다섯 종류로 나누어 수집한다. 가정에 있는 물건 중 다시 쓸 수 있는 것을 가져오는 아이도 있지만, 마땅한 물건이 없을 때는 물건 종류와 수를 맞추기 위해 새로 사 오는 아이도 있었다.

이렇게 모인 물건들은 각양각색이었다. 이 가운데는 모유 수유용 비닐팩, 몇 년은 족히 신은 것 같은 어른용 신발, 군데군데 실밥이 터지고 얼룩진 봉제 인형, 유통기한이 며칠 남지 않은 음료 등 교사들을 당황하게 만든 물건들도 있다. 그런 물건들을 골라내면 큰 쓰레기봉투 한두 개가 금방 차버린다. 어떤 해에는 사용할 수 있는 것보다 버릴 것들이 더 많이 나오는 바람에 유치원 예산으로 물품을 사서 보충한 적도 있었다. 그럴 때는 나눔 장터의 지속 여부에 대해 심각하게 고민하기도 했지만, 폐품들을 골라낸 후 가게별로 가득 진열된 물건을 보면 결론적으로 뿌듯한 마음이 들기는 했다.

나눔 장터가 끝나고 아이들은 서로의 장바구니를 들여다보며 산 물건을 자랑했다. 하지만 사고 싶은 것을 사지 못한 아이들은 속상한 마음에 입이 삐죽 나왔다. 샀던 장난감을 확인해보니 부서져 있거나 부품이 없어 실망한 아이도 있었다. 어떤 아이는 자기가 가지고 온 물건을 산 아이도 있었다. 엄마는 나눔 장터로 보내도 되겠다고 생각했지만 아이는 아직 그 물건과 헤어질 준비가 안 된 것이다. 그때의 나는 아이들의 속마음을 읽어주기보다는 물건은 골고루 잘 샀는지, 가져온 물건이나 금액과 비교할 때 장바구니에 담긴 물건이 너무 적은 아이는 없는지 살피는 데 집중했었다.

해마다 작년과 비교하여 별로 달라진 것이 없는 나눔 장터를 운영하면서 점점 행사의 원래 취지는 퇴색되어 갔다. 아이들에게 나눔 장터는 부모님이 주신 돈으로 사고 싶은 물건을 살 수 있는 즐거운 날, 유치원에는 홍보를 위한 이벤트 행사처럼 변했다.

작년에는 이런 일도 있었다.

시우 어제 가지고 온 물건 중 잘못 가지고 온 게 있어요. 다시 가지고 갈래요.

| 다음 날
시우 선생님, 지난번에 가져온 물건 중에 동생에게 필요한 게 있어요. 다시 가지고 가야 해요.

시우의 모습을 본 몇 명의 아이들은 물건을 다시 가지고 갈 수 있냐며 "저도 필요해요, 다시 돌려주세요."라고 요구했다. 물건의 주인이 다시 가지고 간다는데 안 줄 수도 없고 그렇다고 원하는 대로 모두 다시 돌려줄 수도 없는 난감한 상황이었다.

나눔 장터의 새로운 도약

교사 장난감 나눔 장터를 왜 하기로 했나요?

영미 우리가 장난감을 너무 많이 사서 돈도 낭비되고 지구가 병들고 있으니까요.

승후 나는 많이 놀아 이제 필요 없지만, 필요한 친구들이 있을 수 있어 장난감을 서로 바꾸기로 했어요.

교사 나는 친구의 장난감이 마음에 들고 친구는 내 장난감이 마음에 들지 않을 때는 어떻게 할까요?

현아 그럼 다른 친구에게 줘요.

교사 내 장난감을 여러 명의 친구가 갖고 싶어 한다면 어떻게 할까요?

아이들 가위바위보로 결정해요. 하루씩 빌려줘요.

교사 내 장난감을 갖고 싶어 하는 친구가 없다면요?

아이들 버려요. 갖고 싶은 친구 생길 때까지 기다려요.

| 한참 후

수현 그런데 선생님은 왜 말 안 해요?

교사 (이렇게 많은 질문을 했는데 왜 말을 안 하냐니 이런 억울한 일이…)

아이들이 주체가 된 장난감 나눔 장터가 잘 운영될 수 있을지 다양한 의견을 듣고 싶었던 것인데, 질문만 계속했다가는 아이들이 성난 호랑이로 변할 것 같아 지금까지 나온 의견으로 규칙을 정했다.

| 장난감 나눔 장터 이렇게 운영해요

• 나눔 장터에 기증할 장난감 스스로 정하고 부모님 허락받기

• 장난감 사진을 찍어 학급밴드에 탑재하기

• 장난감 사진을 교실에 나흘간 게시하기

• 갖고 싶은 장난감 사진에 이름표 붙이기

• 나흘 후 장난감 주인 정하기

• 다음 날 집에서 장난감 가지고 와 친구에게 전달하기

처음부터 사진을 게시할 계획은 아니었다. 집에 있는 장난감을 가지고 와서 며칠 동안 교실에 진열하면 자기들의 놀이공간이 좁아질 것 같다는 아이들 말에 생각해낸 비책이었다. 미리 사진을 게시해 두면 내게 정말 필요한 장난감인지 생각하고 충동적으로 선택하지 않을 수 있다. 실제로 사진을 게시했더니 예전의 나눔 장터처럼 오픈런을 하듯 원하는 물건을 사기 위해 전력 질주하던 아이들의 모습은 사라졌다.

예전에는 나눔 장터가 시작되면 분신술을 이용해 여러 명의 또 다른 나를 만들고 싶었다. 아이들이 동전을 잃어버리지 않게 챙겨주는 나, 계산이 서툰 아이를 도와주는 나, 물건을 못 사고 있는 아이에게 '이건 어때? 이것 살까?' 하며 반 강매하여 장바구니를 채워주는 나, 조금 더 좋은 물건을 살 수 있게 조언해주는 나, 한 명도 놓치지 않고 사진을 찍는 나까지 손오공 머리털만큼 많은 내가 필요했었다. 그런데 장난감 사진을 게시한 다음에는 나눔 장터의 혼잡함과 분신술의 대왕처

럼 장터를 누리던 내 모습도 사라지게 되었다. 불필요한 물건까지 가져
와 강매하고 남은 것들을 폐기처분했던 나눔 장터는 우리 반의 실속
있는 행사로 탈바꿈한 것이다.

장난감 나눔 장터가 익숙해지면 책 나눔 장터, 옷 나눔 장터 등
이것저것 다 할 수 있을 것 같았지만 중고장터 거래가 활발한 요즘 이
또한 가정에 부담과 불편을 주는 것은 아닌가 하는 생각이 들었다. 실
제로 엄마가 중고장터에 장난감을 팔아버리는 바람에 가지고 올 것이
없다는 아이도 있었다.

> **교사** 나눔 장터에 가져올 것이 없을 때는 어떻게 해야 할까?
>
> **아이들** 가지고 올 물건이 생기면 그때 가지고 오면 돼요. 그림을 그려서 갖고 싶은
> 친구 줘요. 장난감을 만들어 주면 돼요.

물건이 가득한 진열대 대신 실제로 필요한 것들을 나누는 나눔 장
터 사진 게시판이 생겼다. 우리 반 장난감 나눔 장터의 교육적 효과를
묻는다면 아이들과 나는 이렇게 말할 수 있다. "새 물건을 사 오지 않
아도 돼요. 장난감 바꿔서 노니 환경을 보호할 수 있어요. 나에게 꼭
필요한 물건인지 여러 번 생각하고 결정해요." 역시 활동의 주체인 아
이들이 자발적으로 의견을 내고 문제를 해결해가야 한다. 문제의 당사
자가 가장 적극적인 자세로 합리적인 해결 방안을 찾기 위해 노력하기
때문이다.

아이들이 교사를 부를 때

1 2
3 4

유치원 아이들의 학급 자치 이야기

스승의 날에 대한 잔상들

달력 곳곳에는 갖가지 기념일이 적혀 있다. 신정부터 크리스마스까지 매월 계기교육과 기념주간을 운영하다 보면 아이들과의 다양한 사연이 쌓인다. 아이들에게 최고의 기념일은 역시 어린이날과 크리스마스 그리고 달력에는 인쇄되어 있지 않지만 가장 크게 표시하는 자기 탄신일이다. 특히 가정의 달인 오월은 어린이날, 어버이날, 스승의 날이 있어 매주 행사나 관련 활동이 이루어지는데 스승의 날 즈음이 되면 교사들도 교직원회의를 하며 자체 기념 계획을 세운다. 교권이 추락했다지만 그래도 스승으로서 자존감을 가지고 서로 격려하자는 취지다. 예전에는 교사들의 의견을 묻지 않고 일방적으로 행사가 진행될 때도 있었지만 요즘 풍경은 많이 달라졌다. 스승의 날, 교사인 나에게 어떤 날인가?

A 오월은 가정의 달이라 선생님들은 정신이 없어요. 많은 학부모가 쉴 수 있는 근로자의 날에는 가족 단위 체육 행사를 하죠. 어린이날 기념을 겸하는 의미로 재미있는 활동을 준비하고 선물도 마련해요. 참여한 사람들이 정말 신나게 보낼 수 있도록 신경을 많이 써요. 그렇게 행사를 치렀어도 어린이날이 되면 그냥 넘어가기 서운하니 노래도 부르고 기념사진도 찍어요. 때로는 학급별로 파티를 하는 등 어린이날은

절대 그냥 넘기지 않아요. 또 어버이날에는 감사 카드와 선물, 또는 영상 편지를 준비해서 가정으로 보내요. 선생님들의 눈과 손이 멈출 새가 없이 바빠요. 그런데 정작 스승의 날이 되면 기념하고 싶은 생각이 안 들어요. 그냥 조용히 넘어가고 싶죠. 자축하는 것이 쑥스럽기도 하고, 스승이라는 단어도 이해하기 어려운 아이들에게 굳이 말을 해서 가정에 전달이라도 되면 괜한 오해를 불러일으킬까 미리 차단하고 싶어요. 스승의 날인데 왜 교사인 제 마음은 편치 않을까요?

B 스승의 날에 연락해주는 학부모와 아이가 있다면 정말 행복한 일이에요. 유치원 선생님은 워낙 어렸을 때 만났던, 기억의 첫 자락에 있는 사람이니 아이들이 자라면서 가장 빨리 잊는 존재이기도 해요. 그래서 꾸준히 연락하는 제자가 많지 않지요. 이런 상황에도 불구하고 나를 기억해주는 아이와 학부모가 있다면 뿌듯하고 기쁜 마음이 들어요. 꼬마였던 제자가 커가는 것을 옆에서 지켜보는 것도 큰 즐거움이고요. 자조 능력이 많지 않은 유아들에게 교육과 보육을 함께 하는 유치원 교사는 제2의 엄마와 같은 존재이다 보니 아이들이 모두 내 자식인 셈이죠. 평소와 다름없이 보낸, 아니 어쩌면 스승의 날인데도 기분이 꿀꿀한 날에 도착한 옛 제자와 학부모의 응원 문자 메시지는 다시 나를 교단에 서게 만드는 비상약이에요. 아마도 그런 즐거움에 교사의 삶을 이어가는 선생님들이 많을 거예요. 그래서 저는 스승의 날이 되면 나를 비롯한 모든 선생님을 마음으로 꼭 안아드리면서 이렇게 말하고

유치원 아이들의 학급 자치 이야기

싶어요. 오늘도 수고하셨습니다.

C 딱히 스승의 날을 기념하지도 않지만, 유치원 아이들은 어려서 스승의 날이라고 해도 잘 몰라요. 예전처럼 군사부일체를 강조하며 스승의 그림자도 밟지 않은 시대도 아니잖아요. 스승의 날이라고 해도 저부터 별다른 생각은 안 들어요. 그냥 우리끼리 고생한다고 서로 격려하는 날이 되었죠. 차라리 그게 마음이 편해요. 간혹 스승의 날을 챙겨주려는 학부모가 있는데 마음은 고맙지만 내 수고로움과 노력을 알아주는 사람이 있는 것만으로 감사해요. 스승의 날이 되면 한편으로는 학부모의 마음이 되기도 해요. 내 자식을 키워주신 선생님 생각이 나더라고요. 얼마나 고생하셨을까, 참 감사하다는 마음이 새삼 들어요. 찾아뵙고 인사하는 게 도리인데 사는 게 바쁘니 그런 날이라도 떠올릴 수 있어 좋아요. 이런 게 동병상련인가요?

D 아침에 출근하는데 가족들이 '스승의 날 축하해.'라고 하기에 고맙다는 생각과 함께 부담이 되었어요. 때론 스승의 날이 차라리 없었으면 좋겠다는 생각이 들기도 해요. 특히 뉴스에서 교단과 관련된 나쁜 소식들이 대대적으로 보도되거나 이로 인해 좋지 않은 여론이 형성되어 악의적인 댓글들이 달리는 것을 읽게 되면 교사라는 직업에 회의가 들어요. 사람들은 좋지 못한 소식에 더 민감하게 반응하는 것 같아요. 하루하루를 살다 보면 아이들과 웃는 날, 행복한 일이 생기는 날,

감동이 있는 에피소드가 있는 날이 더 많은데 그런 것은 늘 있는 일이라고 생각해서 그런지 무감각하게 지나가면서 안 좋은 소식만 대서특필되는 걸 보면 서글퍼져요. 교사가 기득권을 가진 잠재적 범죄자인 양묘사되는 댓글에는 내 일이 아니라도 상처를 받아요. 평소에는 문제 상황을 주로 보도하던 기자들이 스승의 날 즈음에 '포상, 기념' 단어를 헤드라인에 걸어놓으면 위로가 되기는커녕 씁쓸하죠. 스승의 날에는 저도 하루쯤 그냥 맘 편히 근로자의 날처럼 쉬고 싶어요.

E 유치원 선생님을 기억하는 사람이 얼마나 많을까요? 아이들도 초등학교 선생님부터 기억하는 듯해요. 아마도 체계적인 의무교육이 시작되는 초등학교가 첫 학교라고 생각하는 것 같아요. 유아교육법에 엄연히 유아학교라고 명시되어 있는데 그 사실을 아는 사람들은 그리 많지 않아요. 세 살 버릇 여든 간다는 속담처럼 인생의 기본은 유아기에 형성되는데도 유치원이라는 명칭부터 아직 그대로인지라 원아, 원생, 애들 돌봐주는 곳 심지어 보모교사라는 이상한 단어 조합까지 전근대적인 통념이 여전히 남아 있어요. 그러니 유치원 선생님은 학교의 선생님과 급이 다르다고 생각하는 사람들이 있는 것 같아요. 특히 유치원에 유난히 비협조적이던 학부모가 아이 초등학교 입학 이후로 학교 활동에 적극적인 모습이 보일 때면 기분이 참 묘해져요.

유치원 아이들의 학급 자치 이야기

오고지 뒷이야기_

청렴과 민주사회의 시민성에 대한 사회적 인식이 높아지면서 교직사회도 많은 변화를 겪었다. 가장 환영할 만한 일은 촌지가 사라진 것과 학생 인권에 대한 인식 수준이 고양되었다는 점이다. 시민의식이 성숙해져 교직사회가 투명해진 만큼 교사들의 직업 만족도도 함께 높아져야겠지만 현실은 정반대다. 우리나라 교사들의 자기효능감과 직업에 대한 만족도는 매우 낮은 수준이다. 축하받아야 할 스승의 날이 오히려 부담스러운 것은 비단 교사들의 잘못일까?

학교는 학생들이 민주시민의 기본 자질인 자유와 책임을 배우는 곳이다. 자율성은 구성원의 권한을 인정할 때, 책무성은 구성원들이 권한을 인식하고 추진한 일의 결과에 스스로 책임지는 기회를 가질 때 가능하다. 학교가 민주적인 분위기가 되려면 교사의 권한과 책임에 대한 인정도 필요하다. 그것이 바탕이 되어야 자치도 가능한 것이다. 따라서 사회가 교사에 대해 기대하는 만큼 그들에 대한 지지와 인정도 뒷받침되어야 한다. 촌지, 아동학대, 교내 성 관련 스캔들 등 매스컴에 떠들썩하게 나오는 사건들이 일반적인 상황이 아님에도 불구하고 교단을 싸잡아 비난하는 말을 듣거나 댓글을 읽을 때는 교사로 사는 것에 자괴감마저 든다. 학교가 제 기능을 상실했다며 질타받고 덩달아 교권까지 추락하고 있을 때도 수많은 교사는 여전히 일선을 묵묵히 지키며 최선을 다하고 있다는 사실을 간과하지 말았으면 한다.

민주주의의 첫걸음,
유아 자치의 정착을 기대하며

하루살이들이 모여 어느덧 한해살이가 되었다. 오늘 수업나눔 동아리의 주제는 책의 마무리 작업이다.

낭만샘 이날이 오긴 왔군요. 유치원 학급 자치와 관련된 다양한 활동을 하면서 아이들과 티키타카한 덕에 사이가 더 가까워졌어요. 아이들은 상황에 따라 탄력적으로 움직이고 생각하는 놀라운 유연성을 가졌더라고요. 어른들의 우려를 가뿐히 뛰어넘는 해결책을 제시하거나, 민주적이라고 생각하고 행동했던 어른들의 관습이 오히려 비민주적이라는 것을 반증해줄 때가 있어요.

해피샘 처음엔 책을 어떤 내용으로 엮어야 할지 그저 막막했는데 작업하면서 점점 재미가 붙었어요. 오늘은 또 뭘 할지 아이들을 관찰하고 대화하는 재미가 쏠쏠했고 덕분에 많이 웃었네요. 책을 쓰면서 가장 큰 성과는 나의 지난 교직 생활을 돌아보면서 아이들의 눈높이로 바라보지 못했었던 것들이 어떤 결과로 귀결되었는지 냉정히 되돌아볼 수 있는 계기가 되었다는 거예요. 어렵고 시간이 오래 걸리더라도 아이들과 함께 이야기하고 해결해갔던 일들은 그 결과가 성공적이지 못한 채로 마무리되더라도 아이들 스스로 결과를 받아들이고 다음을 기약하며 다짐을 하는 기회가 되었던 것 같아요.

물음표샘 책을 쓰면서 제 머릿속의 혼란이 많이 정리되는 것을 느꼈어요. 처음에는 아이들이 어려서 자치하는 것이 힘들다고 생각했는데, 저의 지난 교직 생활과 현재 아이들과 하고 있는 활동을 되짚어보니 알게 모르게 자치를 하고 있었다는 사실을 깨닫게 되었어요. 자치에 대한 관점을 정리하고 아이들과 눈높이를 맞추고 난 후 상황을 보는 관점이 달라졌어요. 만약 저처럼 유치원 자치에 대해 두려움을 가진 교사가 있다면 한번 도전해보라고 권하고 싶어요. 모든 일을 마음먹기에 달렸으니까요.

팩폭샘 저는 아이들을 좀 더 잘 들여다보게 되었어요. 아이들의 상황 인식이 어른보다 정확할 때가 있어요. 규범이나 관습에 얽매여 있지 않으니 상황의 본질을 어른보다 더 잘 파악하는 것 같아요. 나는 복잡하게 생각했던 일들을 아이들은 오히려 쉽게 해결하더라고요. 자치의 원리는 서로의 이야기를 듣고 생각을 나누고 가장 적합한 해결 방법을 찾으며 문제의 해결을 위해 함께 노력하는 거잖아요. 아이들은 어른들처럼 이것저것 따지거나 자기편에서 손익을 셈하여 체면치레하는 일이 없어서 그런지 상황에 몰입하고 순수하게 문제에 접근하는 열정이 뛰어난 것 같아요.

꼬꼬무샘 이 책을 쓰면서 저를 돌아보니 교실 안의 독불장군이었을 때가 많았더라고요. 바빠서 자치할 시간이 없는 게 아니라 마음을 먹지 않았던 거죠. 시시때때로 나의 결정이 일방적인지 아닌지 돌아봐야겠다고 생각하게 되었어요. 유아들과 함께 하는 진정한 자치를 위해서는 방법론적 측면에 집중하기보다는 상황을 바라보는 민감성, 교사로서 나의 비민주성을 끊임없이 성찰하는 반성적 사고가 꼭 필요하다는 생각이 들어요.

마침표를 찍는 시원섭섭함, 숙제를 끝까지 해냈다는 성취감에 더해 교사로서 나를 돌아보는 귀한 시간을 보냈다는 게 우리의 공통적인 생각이었다.

아이들은 모두 천재다. 아이들은 음유시인이자 화가이고, 탐험가이자 몽상가다. 어리기 때문에 사고가 유연하며 자신의 마음을 포장하지 않고 본질에 가까이 간다. 아이들이 하는 말에는 세상의 이치가 담겨 있다. 그런 아이들의 말을 우리는 얼마나 귀 기울여 듣고 있으며, 그들에게 선택권을 보장하는가?

책을 집필하며 우리의 주어는 '아이들'이 되었다. 아이들과 함께 자치를 실천했던 내가 자랑스러웠고, 일방적인 결정을 내렸던 내가 부끄러웠다. 이 책은 우리들의 반사경이 되어주었다. 무언가를 하고자 할 때 한 번 더 곱씹어 보고 아이들과 눈을 맞추게 되는 한 박자 쉼, 그게 우리가 얻은 열매다. 뉘라서 알고 가는 게 아닌 자치의 길. 책에 마침표를 찍으며 우리가 내린 결론은 문제를 해결할 정답을 찾기보다는 함께하는 것이 더 중요하다는 사실이다. 그러니 부디 우리의 이야기가 여러분에게 자치를 위한 동행을 시작하는 작은 계기가 되길 바란다.

유치원 아이들의 학급 자치 이야기

초판 1쇄 발행   2022년 11월 30일
초판 2쇄 발행   2023년 12월 20일

지은이 박은미 조윤재 허경아 권세나 심재경

발행인 김병주
디자인 블랙페퍼디자인
마케팅 진영숙
에듀니티교육연구소 이문주 백헌탁
행복한연수원 이종균

펴낸 곳 (주)에듀니티
도서문의 1644-5798
일원화 구입처 031-407-6368 (주)태양서적
등록 2009년 1월 6일 제300-2011-51호
주소 서울특별시 중구 남대문로 117, 동아빌딩 11층
출판 이메일 book@eduniety.net
홈페이지 www.eduniety.net
페이스북 www.facebook.com/eduniety
인스타그램 www.instagram.com/eduniety/
           www.instagram.com/eduniety_books/
포스트 post.naver.com/eduniety

ISBN 979-11-6425-133-9 (13370)
값은 뒤표지에 있습니다.

문의하기

투고안내